切り拓いた勝利への道

石播人権回復闘争の真実

米田憲司
Kenji YONEDA

人権回復を求める石川島播磨原告団

本の泉社

はじめに

造船からジェットエンジン、宇宙開発、橋梁、産業機械、化学プラント、エネルギーシステム、物流システムなど幅広い製品を世界に送り出してきた石川島播磨重工業（２００７年7月より社名をＩＨＩに改称）。海上自衛隊のイージス艦建造から航空自衛隊の戦闘機のエンジン補修も行う軍需産業の代表でもある。ペリー来航を機に１８５３年（嘉永6年）創業の歴史があり、現在の事業所・主要工場は東京、瑞穂、横浜、愛知、相生、呉、相馬などで、従業員は７６７０人（グループ全体では2万４３４８人）を有している。

太平洋戦争が終結してから、すでに65年も経過し、主権在民の日本国憲法のもとで育ってきた国民が多数を占める今日でありながら、ここに描かれた日本を代表する大企業の職場で行われてきた事実は、初めて見聞きする人たちにとっては到底信じ難い内容である。登場する東京・田無、瑞穂両工場（当時は武蔵地区）に在籍していた7人の労働者は、もの作りを通してささやかながら社会に役立つ思いを抱きつつ、生計を営んできたどこにでもいる普通の人間であった。

仕事が好きで、責任感があり、家族を大切にし、人の面倒もよくみる。よいこと、悪いことの分別を持ち、悪いことや問題点は、その原因や背景をはっきりさせてものをいう生き方が、いつの間にか会社と会社の意向を受けたインフォーマル（秘密労務）組織、会社に忠実な労働組合の三者による思想差別との40

年にわたるたたかいになってしまった。

本書は石播人権回復闘争の先陣を切った武蔵地区の7人の労働者によるたたかいを描いているが、労働運動や政党活動、あるいは労働組合のあり方など労働問題全般について言及するのが目的ではない。会社にとって気にいらない考え方を持つ人間に対し、集団による徹底した差別と差別に根ざした嫌がらせが長期にわたって行われ、人生の半分を抹殺されてしまった人たちのたたかいの生きざまを描いたドキュメントである。

ここに描いている出来事はすべて事実である。本書に「真実」という題名を使用している理由は、石播のたたかいの中で、ごく一部の関係者しか知らない事実と背景が初めて明らかにされ、ことの本質に迫っているからである。1960年代後半から2007年までの石播全体における職場活動家のたたかいは、いうまでもなく一直線に突き進んだものではない。紆余曲折し、堂々巡りを繰り返して前進してきた。厳しい会社の労務政策に対し、武蔵地区や東京地区など各事業所の職場活動家が運動の展開をめぐって意見の違いが多々生じたことは当然のことである。決してきれいごとでは済まされない、錯綜した人間関係があった。

従って、事実にもとづく出来事に違いはなくとも、それをどう評価するのかは立場や考え方が違えば、今も異なる意見になることはあり得る。が、石播の人権回復裁判と6事業所で勝利和解した経過と結果からみても、武蔵地区のめざしたたたかいの方向は間違っていなかったといえる。

武蔵地区の7人は当然、生い立ちや性格、経験、考え方の違いはある。が、誰もが〝闘士〟でも筋金入りの〝強者《つわもの》〟でもない。すぐれた指導者がいた訳でもないし、高い理論があった訳でもない。巨大な会社組織に敢然と立ち向かったとはいい切れないし、激しい攻撃の前で試行錯誤と半ば喧嘩と見紛うような激しい議論を尽くしてもまとまらなかったことも多かった。離れていった仲間も出た。意見の違いを修復できないままの仲間もいた。家族とのいさかいや離婚もあった。それでいて、何故か最後まで残ったのがこの7人だった。誰もが「損か得か」とか、うまく立ち回ろうとか、何か手っとり早く成果を得たいという考えはなかった。お互いにいいたいことをいって、バラバラのようになっていながらも肝心なところでは支え合ってきた。「生真面目すぎる」、「不器用な生き方だ」といわれながらも、筋を通して集団でたたかってきたことが結局、実を結んだ。仲間と家族の支えも大きかった。

7人はそれぞれ、差別と嫌がらせの連続の中で、その日のできごとを忘れまいとノートやメモ帳に書き留めてきた。中には自宅で夜遅く悔しさで一人涙を流した人もいた。7人は事実をありのまま記録することで、いつしか自分たちの言動に間違っていなかったことへの証明と考えた。正当な理由もなく、理不尽で卑劣な仕打ちを受けてきた悔しさと怒りをバネにして、時には人間不信に陥りながら、いつかは公けにして会社の間違った労務政策を謝罪させ、是正させなければ会社も労働者もだめになってしまうという思いを胸に刻み込んできた。

本書の出版によって、「たたかってこそ明日はある」という彼らの貴重な経験から得た教訓が、今日、無権利状態の中で働く人たちだけではなく、組織の中で悶々としている人たちや人間らしい生活を願って毎日汗を流している多くの労働者を勇気づけ、時代を越えて未来に展望を見いだせる道につながっていけばよいとの思いである。

なお、本書では登場する人たちの敬称は略した。また、記載している出来事に関する人たちの表記については、事柄上、必要な場合を除いてイニシャルで統一した。それは各個人の責任を追及するのが目的ではなく、事実関係を重視するためである。７人の労働者が活動した時期が石川島播磨重工業時代なので、通称、石播の社名を使用し、現在改称しているＩＨＩは使用しないことをおことわりしておく。また、西暦の表記については１９００年代以降は簡略にして記述した。

二〇一〇年一月

米田憲司

人権回復を求める石川島播磨原告団

切り拓いた勝利への道——石播人権回復闘争の真実　目次

第4章　起ち上がった7人の原告

第1章　極秘文書「ＺＣ管理名簿」

「ZC管理名簿」との出会い

今から８年前の２００２年５月６日。連休最後の振替休日であった。私は石川島播磨重工業田無工場に勤務する渡辺鋼と西武新宿線の田無駅近くの田無市役所庁舎付近で会う約束をしていた。田無市は保谷市と合併し、現在は西東京市となっている。

当時、私は赤旗編集局社会部の記者で、米軍、自衛隊の軍事問題の取材や航空機、鉄道など運輸関係の安全問題にかかわる分野の仕事をしていた。軍事問題は政治部時代から続けており、石播など軍需産業の動向についても関心があった。従って、田無工場の渡辺らが石播を相手に00年３月に思想差別、女性差別是正と昇給・昇格是正による損害賠償などを求める、いわゆる「石播人権回復裁判」（会社側は武蔵裁判と呼称）を東京地裁に提訴していた事実は知っていた。周辺事態法やテロ特措法の国会審議との関係で、渡辺とは何回か電話でやり取りをしたことがあったが、直接会ったことはなかった。

正午すぎ、自転車に乗って渡辺がやって来た。資料を入れた分厚い茶封筒やファイルをいくつか持参していた。早速、近くのレストランに場所を移動し、渡辺が丁寧に石播の職場の実態を説明した。「見てもらいたい資料があるんです」と述べ、持参した茶封筒に入っているＡ４の資料の束を置いた。

平成12年管理名簿集計表

H12. 6. 12

地区	事業所	A	B	C	D	A+B	合計
東京	本社	1	1	0	2	2	4
	東EC	28	2	5	1	30	36
	江東	14	1	1	9	15	25
	東一	34	3	6	11	37	54
東京地区 合計		77	7	12	23	84	119
武蔵	田無	15	3	4	7	18	29
	瑞穂	4	1	4	16	5	25
武蔵地区 合計		19	4	8	23	23	54
横浜	横EC	9	1	1	0	10	11
	横一	0	2	1	4	2	7
	横二	8	0	1	1	8	10
	横三	4	0	0	3	4	7
	ｱﾑﾃｯｸ	1	0	0	0	1	1
	出向	3	1	0	1	4	5
横浜地区 合計		25	4	3	9	29	41
愛知地区 合計		15	0	0	0	15	15
相生地区 合計		3	3	1	0	6	7
呉	呉総	0	0	0	0	0	0
	呉一	1	1	1	10	2	13
	呉二	0	0	0	0	0	0
	呉新	2	3	2	3	5	10
呉地区 合計		3	4	3	13	7	23
全社合計		142	22	27	68	164	259

「厳秘」の印が押され、平成12年（00年）6月12日付けの「平成12年管理名簿集計表」と題する一覧表で、作成者の名称はなかった。石播が東京、武蔵、横浜、愛知、相生、呉の6地区に置いている事業所（本社や工場を含む）名を縦に項目別に記し、横にはA、B、C、D、A＋Bの合計6項目を記して、各事業所ごとの数字が書き込まれてあった。丁度、2年前に作成された資料であった（前頁表参照）。

次のページには、「ZC管理名簿」という表題で作成は平成12年12月となっていた（次頁表参照）。作成者の名称はなかった。事業所ごとに「個人コード」「事業所」「所属」「氏名」「生年月日」「郵便番号」「住所」「出身校」「電話番号」「備考」の一覧表が作成されていた。いわば、労働者個人の経歴一覧である。

個人コード	19455
事　業　所	横3
所　　　属	横3造二
A	三沢　紘
生 年 月 日	1943.6.10
郵 便 番 号	2350016
住　　　所	横浜市磯子区磯子6-28-21
出　身　校	大森工業高
備　　　考	空白

例えば、横浜第3工場の三沢紘の場合は、上記のようになっている。横浜関係の別の労働者の経歴の備考欄には、「睾丸癌」とか「歌声サークル加入」「ペンネームは○○」と記入してあった。呉地区のある労働者の場合は備考欄に「妻は共産党市議」と記述されていたり、別の労働者の場合は妻の通院している病院や病名まで記述してあった。当該労働者だけでなく、家族までを調査対象にしていたことが伺えた。

渡辺ら職場活動家の分析では、名前の前に付けられているＡは「日本共産党員」、Ｂは「共産党支持者」、Ｃは従業員として会社や上司に批判的であるとして「問題あり」、Ｄは「観察対象者」などにランク分けされているという。Ａ＋ＢとはＡ～Ｄの中でも特に重要視されて、要注意人物の現数を職場ごとに常に把握しておくということのようだ。

本書の執筆に関し、09年6月に「ＺＣ管理名簿」のＡランクに記載されている三沢紘を横浜市磯子区に訪ねた。

「うわさで『ブラックリストがある』と聞いていたが、やっぱりあったのか、というふうに思った。誰も見たことはなかったが、現実には会社や労組に批判的な人間は差別されているから、あるだろうという程度しかいえなかった。管理名簿を見ていると、『よく、調べているなぁ』とびっくりした。というのは、われわれが知らない人までＣとかＤにランク付けされていた。こういう人たちは活動家ではなかったけれど、会社のいうことに対して自分の意見をきちんと主張していた、いわば良心的な人だった。『こんな人までチェックされているのか』と本当にびっくりした。要するにイエスマンでなければ、ブラックリストのどこかに

ZC管理名簿

事業所:横3／1　　　　平成12年12月

個人コード	事業所	所属		氏名	生年月日	入社年月日	郵便番号	住所	電話番号	出身校	備考
24049	横3	横設	A	吉澤 幸治	1939.11.07	1955.04.06	2350045	横浜市 磯子区 洋光台 5−6−27−505	045-831-5223	石川島工業	H11.12/E定年、横浜中央地区地区委員昇格
25138	横3	横3造二	A	山内 道隆	1950.03.13	1968.03.28	1230844	足立区 興野 1−2−8 カーサ赤平202	03-840-1750	瑞浦高	
19455	横3	横3造二	A	三沢 紘	1943.06.10	1965.01.16	2350016	横浜市 磯子区 磯子 6−28−21	045-751-0490	大森工業高	
8794	横3	横3造一	A	岩上 安夫	1941.03.08	1956.04.06	1340083	江戸川区 中葛西 5−16−20	03-680-5961	石川島工業	S62.10.1転入 F101申立人
17535	横3	横3造二	A	佐藤 健次	1946.03.14	1964.03.17	1350016	江東区 東陽 4−5−18−1305	03-615-2092	日工大東京	S62.10.1転入
[redacted]											H2.6.15登録
[redacted]											H7.10.1登録
[redacted]											H7.10.1登録
[redacted]											革労

ランク付けされるようになっていた」と三沢は語っている。

「ZC管理名簿」とは

「これはすごい内部文書だ」と直感した。

渡辺に聞いた。「よく、手に入りましたね。ところで、ZCって何ですか」

渡辺は首を傾げるよう「うーん」といった。

「分からないんです。記載されている名前は職場活動家、つまり共産党員やその支持者、会社が『問題あり』と見ている労働者らの簡単な経歴を事業所ごとに一覧表にしています。要するに職場活動家のブラックリストでしょう。よく、労働者同士が冗談とも取れるようないい方で、『会社や組合のやり方を批判していたら、ブラックリストに載せられるぞ』というようなやりとりをしていましたから。そういう話については、何人もの活動家が聞いています。でも、現物は誰も見ていませんから分からなかったんです。けしからんことですが、やっぱり、ブラックリストの存在が明らかになったということです」

ＺＣの資料を入手した渡辺は、信頼できる活動家に集まってもらい、みんなの意見を聞いた。「やっぱり、ブラックリストがあったのか」というのが共通した感想であった。しかし、ＺＣの名称は誰も聞いたことはなかった。とにかく、全国に散らばるOBの人たちにも仲間が手分けして問い合わせをしたが、結局のところ、誰も分からなかった。Zはアルファベットの最後の文字として、会社に楯突くどうしようもない連中であるというような意味なのか、Cはセンターとかクラブとかコミュニティぐらいの解釈ぐらいしかできなかったようだ。いつ頃に作成されたのか、その時期も分からなかった。

若手人勤マン教育

次の資料を見ると、「厳秘」の二文字を罫で囲い、H13・6・22（01年）の日付と「労管G」と右肩に書いてあった。「労管G」とは労働管理グループのことで、資料作成者の名称である。表題は「若手人勤マン教育（ZC・リスクマネジメント）スケジュール」（表参照）とあった。この資料は1年前に作成した資料である。原文のまま紹介する。

Mはマネジャーのことで、SMはサブマネジャーの意味である。6月22日に実施した若手人勤マン教育のカリキュラムであった。その教育内容は約1ヵ月後の7月19日付けの労働管理グループ名で「若手人勤マンZC教育（実施報告）」として関係方面に配付されている。ZC教育の受講者は12人で、本社902会議室で実施された。原文のまま紹介する。

若手人勤マンZC教育（実施報告） ＝原文のまま　　H13・7・19　労

働管理G

1、日時　平成13年6月22日
2、場所　本社902会議室
3、受講者　山中S（賃福G）、吉田S（相労福G）、井田S（人開G）、加藤S（呉労2）、遠藤S（愛労福G）、福田S（東労福G）、鎌田S（武労福G）、長須S（武労福G）、深見S（人安G）、斉二S（労管G）、上野S（東労福G）、松本S（HAS呉）
4、実施内容　別紙スケジュール参照
5、実施状況
（1）労政の歴史

若手人勤マンにとっては、○系従業員からの組合開放の歴史、そのためにとられた労務施策や今日の人勤業務のルーツを知るなど、体系的な理解を深めたものと思われる。さらに、人勤マンとしては、ラインに対して付加価値を付けた情報提供を行う必要があるが、そのために、自らこの問題に関する資料

若手人勤マン教育（ZC・リスクマネジメント）スケジュール

厳秘　　H13.6.22　労管G

8:30〜9:00	オリエンテーション／塚原M講和
9:00〜11:00	講義「IHIにおける労政の歴史」（小野寺SM）
11:00〜12:00	講義「最近の○系従業員の動向」（大竹）
12:00〜13:00	（昼食）
13:00〜16:00	実習「新入社員に対する労政教育」 グループ研究 発表（実演）
16:00〜16:30	講義「リスクマネジメントについて」（大竹）
16:30〜17:30	講義「IHIが直面している労政上の諸問題」（栗井SM）
17:30	まとめ・解散

文献をひも解き、自分の知識として定着させる努力も必要である。本研修において受講者に訪ねたところ、昭和58年～60年にまとめた「各種労使関係の歴史」の冊子を目にしたものは半数以下であった。各地区においては、若手人勤マンが、これら労政の歴史について研究を進めるよう指導・教示願いたい。

(2) 新入社員教育（実演）

各地区における新入社員教育を想定したＺＣ教育の実演を試みた。事前に各自でレッスンプランを作成（地区で実施している新入社員ＺＣ教育のレッスンプランも可）し研修に臨んだところ、ＺＣ問題を自分なりに咀嚼・理解してレッスンを進められていないという印象を受けた。受講者に聞いたところ、対象者のほとんどが、地区新入社員教育において、ＺＣ問題について言及したことがないということであった。ＺＣについては、生半可な知識で従業員にインフォームすることの危険性もあるが、先輩人勤マンの指導のもと、なるべく多くの機会を与えるよう配慮いただきたい。

(3) その他

○系従業員の動静に間近に接することができる地区とそうでない地区とでは、ＺＣ問題に対する若手人勤マンの意識にも自ずと差が生じているように思われる。ただし、昨年のリスクマネジメント報告でも述べたとおり、労務管理を取り巻くリスクは、○系従業員のみではなく、地区ごとに若手人勤スタッフを交えたリスクマネジメントの議論の場を積極的に開いていくべきと考える。

以上

（参照）別添受講者レポート＝原文のまま

塚原M

旧日本陸軍参謀本部の瀬島龍三氏は、「軍事行動は戦略である」と述べた。組織を導くには、リーダーが3つの判断を下すべきだと述べている。進か退くか現状維持か、この3つのうちいずれかを明確にすべきということである。

また、利益線と防衛線は別モノであるとも述べた。例えば、日露戦争における防衛線は朝鮮半島であり、利益線は満州鉄道南端である。この利益線を超えてさらに拡大することが「侵略」と定義される。

リスクマネージメントは、この「防衛線」を守るものであり、これを守り切れなければ企業は崩壊する。したがって、妥協は許されない（cf：処遇制度改訂は、利益線を確保するもの）。

戦後の人勤・労政の歴史は、「対決」が一つの流れであるが、最近の若手人勤マンには「対決」の意識が薄れているのではないか。1946年から1999年までは、共産体制は資本主義にとって脅威であり、体制の危機が実感できた。しかし、ソビエト連邦が崩壊した後は、「体制の危機」という意識が薄れており、共産党にも変化が生じており、アレルギーも薄れてきている。しかし、今なお共産党が企業にとって危機ファクターであることには変わりない。

共産党や反企業分子に対する判断には、以下のとおり3つの段階がある。

感覚的判断（何故か分からないが、彼らはおかしいという初歩的段階）

理性的判断（彼らの主義主張は、理論的におかしいといえる段階）

感情的判断（彼らに対する嫌悪感が自然と出てくる段階）

西洋の歴史を動かす要因が金と女と暴力であったといわれるのに対し、東洋の歴史の動かす要因は「大義」（日本でいえば、錦の御旗）であるといわれている。したがってZC問題を考える際には、彼我のどちらに「大義」があるのかという視点で捉えていくべきである。

小野寺SM

1、初めに

昭和42年に入社した頃には、新入社員教育など一切なく、入社日の次の日はすぐに職場配属となっていた。私も入社すぐに東2勤労課へ配属となり、配属されたその日に共産党従業員の押し掛けに出くわした。昼休みのことであり、勤労課には私一人しかいなく、「課長を出せ」と凄まれて、訳も分からず課長を探しに行ったことがある。これが、彼らとの初めての邂逅であったが、その後、機能組織図に「情報担当」という項目が付けられるまでになった。

2、人勤の役割

（1）労務

企業は、ヒト、モノ、カネの経営資源を有効に使い利益を上げる組織である。その中で、人勤はヒトのプロにならなければならない。朝のかかり、昼休憩の前後、終業時刻で、それぞれ10分時間がルーズになれば、1日で約40分のロスとなる。

始就業時刻管理をいかに徹底させていくか、従業員を快く働かせるにはどうしたらよいのか、これこそが人勤の役割である。

タイムカードを8時に入れれば後はノンビリでもOKという意識をどうやってなくしていくかと考えて取った措置が東1勤事務所移転である。地下から現在の場所へ移転するのに多額の資金を必要としたが、1年半経たないうちに基を取った計算になった。

(2) 人材育成

人材には4つの様相がある。人財（企業にとって財産と呼べる者）、人在（企業にとって存在価値はある者）、人済（いわゆる窓際族）、人罪（企業にとって罪となる者）である。人勤にとっての人材育成の狙いは、人財あるいは人在を育てなければならない。

因縁果と言う言葉があるが、植物を育てることを例にとれば、因は種、縁は空気や水、果は果実である。人勤は適度な縁（空気、水）を提供することによって良き人財を育てていかねばならない。

(3) クライシス管理

企業にとって守るべきものは、人、製品の品質、会社の信用・社会的評価などがある。もし、人罪が生まれてしまったら、我々人勤としては、経営側に一員として企業防衛に取り組む必要がある。

3、労務政策の変遷

（1）経営の歩み…年表にもとづいて振り返り

（2）反企業分子の変遷と労政

昭和34年当時のＩＨＩにおける反企業分子は、東京方面で21名ほどしかいなかったが、その後5年間で急増した。ＩＨＩにおける党員の増加は、赤旗読者や党員全体の増加よりも急カーブの増加率であった。この当時は、共産党が党員倍加方針を打ち立てている時期であった。特に革命を行う準備として重要視された東京近郊にあるＩＨＩや川鉄で党員が急激に増加した。

党員増加の手口は、10～20人程度の秘密党員を社外工、臨時工、新入社員等に潜り込ませ、ビラ配り（受け取った者の反応を見て党員勧誘）、レクレーション（「歌って踊って恋をして」）などを通して党員拡大を図ってきた。特に石川島委員会は、東京代々木の共産党本部直下の組織となっていることも、共産党がＩＨＩを党員拡大重点拠点にしていたことが分かる。

当時東1工場の支部委員の8割が共産党員であり、百数十項目の要求などを出し、工務課長などは、昼食も摂れない有り様であった。

昭和40年代は、会社側反撃の時代であった。昭和41年には、本社に労務調査グループを設けたものの、当初は何から手をつければいいのか分からなかった状況であった。まず、レク組織化から始まり、昭和42年に新入社員教育・指導員制度、昭和43年には監督者教育・中堅リーダー教育の整備、職長有志の会結成、昭和44にはインフォーマルグループ結成と着々と対策が実施された。

第3ラウンドは、会社側勝利の時代である。できたての民主的労働組合をきちんと育てていくには、きちんとした労働協約を締結すべきである。労働協約第1条・第2条の条文は、当時としては画期的な条文であると言われた。

一方、共産党では垣根越しに健全派を誘うのではなく、垣根を越えて健全派に浸透していくべきだという「垣根論」が謳われたのもこの時期である。

第4ラウンドは、不況対策・合理化の時期である。共産党は特退を防ぎきれず、面子を保つために出向拒否した5人が懲戒解雇となった。

第5ラウンドは、法廷闘争の時代である。この時期は、彼らの運動も根づかないものとなっていた。

4、反企業分子

(1) 反企業分子

共産党のみでなく、総会屋、右翼、左翼、宗教団体も反企業分子として捉えるべきである。オウムや日ソ友好協会をとおして重要なデータが漏洩したこともある。

(2) 党員の種類

党員には表立って活動している「公然党員」と表に出てこない「非公然党員」がいる。

この比率は50：50であるので、ビラ配り等の活動を行っている党員（公然党員）の2倍はいると考えた方が良い。その他、役員・基幹職・秘書にも非公然党員がいるため厳秘資料等の管理は十分注意する必要がある。

5、人勤マンの心得

参考資料として「担当者の心得10ヶ条」を付けておいた。スタッフとは、「職員、参謀、杖」という意味がある。人勤マンとしてはプロのスタッフになって欲しい。情報管理の商務に携わるには、自分の手足となる活動家を育てる必要がある。まずは、私兵から始まるが、やがて誰にでも使える「使兵」とし、最終的には「志兵」を育てるべきである。

共産党員対策の労務政策

私が一読した感想は、時代錯誤も甚だしいに尽きる。ここで「人勤マンZC教育報告」を詳しく分析するつもりはないが、職場の共産党員が労働者の諸権利を擁護するために労働組合の一員として労組や会社側に要望したり、生活向上のために賃上げ要求をすることが、反企業分子だと決めつけるのは余りにも単純な考え方である。

客観的事実から見ても日本共産党の政策には、大企業をはじめとする企業で働く共産党員に、その企業に損失を与えたり、つぶしてしまうような政策や方針はない。共産党員自身、何よりも働かなくては食っていけないし、生活向上や労働者の立場で諸権利の擁護を求めるのは労働組合として当然の活動である。仮りに、そんな〝企業粉砕政策〟があれば、共産党そのものが政治的、社会的に支持を失ってしまうのがオチだろう。

渡辺によると、ZC教育文書の「5―（3）その他」の項で書かれている「〇系従業員」というのは「日本共産党員」と労務担当者が判断している職場活動家を指している。一連の文書は、要するに職場の共産党員ないしは共産党を支持する労働者らの対策会議の報告と判断していた。労管Gが労務政策の徹底を迫る〝尻たたき〟教育をしなければならないのは、現実には各地の人勤マン自身が会社が押し進めている労務政策のあり方に疑問を抱いているとも受け取れる。

最後に読んだ資料は、外部教育機関で研修を受けた管理職の報告書であった。昭和44年（1969年）と少々古い文書で、表題は「年次計画研修報告」とあり、「マル秘」の印が押してあった。管理職自らの手書き報告書である。渡辺の説明によると、60年代から始まった労働組合の変節をねらって15年がかりで全職場に網の目を張りめぐらしていったインフォーマル組織（秘密労務組織）育成のための定期的な研修会の内容であった。

第3章で詳しく触れるが、興味深いのは「研修報告」で上司が職場活動家に対し、「君は共産党を出た方がよい」とか「共産党をやめて民社党に入れ、ぐらいはいってもよい」と記述してあった。実際、課長や職長、班長らが職場の若い活動家に対してこうした言葉を忠実に使って、共産党を辞めればそれ相応の処遇をするかのように説得工作している。この研修後、会社のいいなりになる労働組合に変質させられていく。あわせて職場活動家を労働組合の役員から一掃していく準備が着々と進められていった。

ＺＣ関連文書の入手

ＺＣ関連文書は石播本社の人事部や各事業所の労務担当者らが作成していることは容易に想像がつく。毎年、人勤マン教育会議を開いていることから見て、ブラックリストの内容を毎年更新していることが分かる。渡辺は会社の労務担当者だけで職場活動家の日常的な行動や家族まで調査できる情報収集能力はないとして、公安警察とも連携していると見ていた。いずれにせよ、会社が外部機関と協力しながらブラックリストを作成している裏付けをとる必要があった。ＺＣ関連資料の信憑性を確かめるためには、渡辺がどういうふうに入手したのかを率直に問いただした。

当時、渡辺ら田無工場と瑞穂工場の８人（提訴当初は９人）の共産党員は人権回復裁判で係争中で、ＺＣ関連資料が裁判で思想差別の証拠として採用されれば、裁判の様相は一変する可能性が高いだけに大きな意味を持つことになってきた。渡辺はこう説明した。

「余り詳しくはいえないですけど、実は99年末に突然、私の自宅に手紙を添えて資料が郵送されてきました。最初は人勤マン教育の資料でした。添え書きには、株主総会で1株株主で会社の政策や方針を厳しく問いただす私たちの意見に対し、資料の送り主は『会社が腐ったやり方をしていることこそが問題だ』と述べてあった」という。

その後、関連資料は何回かにわたって郵送されてきた。00年夏ころにはZC関係の資料はほぼ揃った。

日本共産党・不破哲三氏に対応を要請

渡辺は原告団や職場活動家と資料の分析を1年間ほどかけて調べた。原告団として今後の資料活用方法も含め、01年8月16日付けで日本共産党中央委員会（党本部）の不破哲三氏宛にZC関連資料一式を届けた。原告団はそれだけ重要な資料と位置づけていた。手紙には「不破さんご自身がこの問題を解明していただければ望外の幸せ」と述べ、資料を公表する際には事前に相談してほしい旨も含めて、党本部に本腰を入れた対策を要望した。不破氏は中選挙区（東京6区選出）時代から石播の東京工場で職場活動家と懇談して要望を聞くなどしており、石播労働者のたたかいをよく知っていた。

原告団の考えは、党のトップである不破氏の指示を受けて党本部として担当部局の労働局が指導することになると考えた。具体的には『しんぶん赤旗』日刊紙や日曜版が資料をもとに取材し、石播が共産党員とその支持者のブラックリストを作成して、思想差別による昇給・昇格差別、仕事取り上げ、仲間からの排除、嫌がらせ等々の実態を大々的に報道することを期待していた。日本の軍需大企業が憲法や労働基準法を踏みにじって人権侵害をしている衝撃的内容の資料公表によって世論を動かし、場合によっては国会の労働委員会等で厳しく追及してもらうことで係争中の裁判に勝利し、職場の共産党員とその支持者に対する差別を一掃させることができる、と思い描いていた。

併せて、職場の民主主義確立のためにたたかっている他企業の労働者にも大きな影響を与え、労働運動が前進すると考えていた。また、党員として入手した重要資料を党中央に届け、有意義に活用できるようにするのは当然の責務だとまじめに思っていた。

ところが、不破氏をはじめ党本部から一向に返事が来ないため、渡辺は10月14日付けで再度、不破氏宛に手紙を提出した。手紙によると、「8月16日付けで、石播本社人事部の反共研修資料を同封し、大企業の反共主義とのたたかいについてお願いのお便りを差し上げました。当然、ご多忙とは思いますが、ご返事をいただけないことを残念に思います。

労働局からは電話を頂き、不破さんは忙しいからまだ見ていない、ということでしたが、まだご覧いただけていないのでしょうか。本日は改めまして、同封の意見書を提出させていただきます。3中総（第3回中央委員会総会）に間に合わせたくまとめました。私としては生涯をかけてきたたたかいでもあり、ぜひご検討頂きたいと思います」と述べ、住所、電話番号、携帯電話番号を記している。

それから1年後の02年9月、渡辺は石播で働く共産党員で構成する石播共産党委員会の元責任者をし、その後、党中央労働局の勤務員となったIから「貴重な資料として慎重に取り扱う」という考えを聞かされた。渡辺は「文書で答えてほしい」と求めたが、Iは「口頭で伝えたので、それ以上でも以下でもない」というだけで、そっけない対応であった。党本部からは何の音沙汰もなかったので、渡辺はIに改めて「どうなっているのか」と党本部の誠意のない対応を聞くと、Iは「あれは、もう取り上げないことになっているんだろう」と逆に質問してきた。渡辺はそういう話をまったく聞いていなかったので驚いたが、それ以上は話にならなかった。渡辺らは党本部がいつ、どこで、どういう結論を出したのかも知らなかったし、なぜ、当事者にきちんと責任をもって説明しなかったのも解せなかった。

「しんぶん赤旗」より「朝日新聞」で……

01年10月にはテロ対策特別措置法が成立し、石播の職場からも軍事技術者のクウェートなどへの海外派遣の話が具体的になってきた。職場では「ものも言えぬ状態」がいっそうひどくなっていた。渡辺らは裁判をたたかいながら、「技術者の戦地派遣反対」というビラを門前で配付して、労働者に訴えた。人権回復裁判闘争と職場の技術者の戦地派遣問題は、根本では石播という軍需産業の共通した影の部分といえた。

02年3月には「朝日新聞」の記者が渡辺を取材し、5月4日付1面トップで「防衛庁、民間人派遣を要請」

「テロ対策、インド洋周辺で装備修理」「石播など受け入れ」と報道した。渡辺も「(職場内では)戦地派遣でもの言えず」というコメントを寄せた。私が渡辺と会ったのは、その2日後の5月6日で、冒頭で述べている通りであった。

渡辺からZC関連資料の入手後のいきさつと共産党本部の対応を聞いて、私は内心、「これは『しんぶん赤旗』で報道するのは難しいなぁ」と思った。私は記者として労働問題を担当したことはないが、社会部所属の記者が他分野の記事を書くとすれば、担当部の意見を聞いて掲載するのが筋であった。編集局として記事の価値判断を誤っては困るからである。記者が自分で入手してきた材料をもとに他分野の記事を書くことはできるが、この一件はボツになる可能性があると判断した。

聞いていると、渡辺は赤旗編集局に知らせることに迷いがあったらしいが、ZC関連の資料を使ってたたかいの活路を拓くためには、少しは話の分かりそうな赤旗記者に相談してみることにしたのだ。渡辺は私が書いた軍事問題の連載や航空機の安全問題などの記事を読んでおり、一度会ってみたいと思っていた。

「渡辺さん。ZC問題を『赤旗』で書こうとするなら、労働問題ということではなく、社会問題としてこういうことは許されないという観点で書くしかないでしょうね。ただし、私の勘では1回きりしか書けないと思いますよ。労働局の対応を考えると、1面トップになるかどうか、記事の扱いもどうなるか分かりません。『待った』がかかる場合も想定しておいた方がいいですね。赤旗編集局は編集局としての意見を持つでしょうが、労働局など専門部の意見は優先されますから、ボツにされてしまう可能性があるでしょう。そうなれば、この問題自身が〝一件落着〟扱いになって、その後、記事にもできなくなってしまう。例え、『赤旗』で何とか先行して書けたとしても、現在のマスコミの状況を見れば、一般紙は共産党関係の問題と狭く捉えて後追いをしないでしょう。客観的にこれだけ価値のある資料をそんな程度で葬ってしまうのはもったいないですよ」と私は率直に意見を述べた。

「どうしたらいいと思いますか」と渡辺。

「特ダネであっても『赤旗』で無理して扱いの悪い記事を書くよりも、要は渡辺さんらのたたかいを有利にする方が大事ですよ。幸い、『朝日』が戦地派遣の記事を書いているから、『朝日』に売り込んだ方が影響力があります。または、記者クラブで会見を開いて一斉に各紙に書いてもらう方法もあります。ただ、内容が内容だけに各社が簡単に飛びついてくるかどうか……。記事の扱いや大きさも何ともいえません。『赤旗』の場合は一般紙と同時発表か、後追いでもいいと思いますよ」と私。

「以前、『朝日』の記者の取材を受けていますから、話はできます」と渡辺。

「ZC問題を『朝日』が書いてくれたら、私はこの資料を国会に持ち込みます。国会で共産党議員に追及してもらえれば、国会質問として『赤旗』で大々的にやれます。これが一番現実的でいい方法だと思います。そうでないと、資料そのものが陽の目を見ない可能性があります」

ZCの意味が分かった

後日談になるが、渡辺は私の考えを聞いて、「この記者は信用できるな」と思ったという。「特ダネを他の新聞に譲ってでも大きく扱ってもらえば、渡辺らのたたかいに役立つ」といった言葉が信頼、信用につながったらしい。その後、渡辺は朝日新聞記者に連絡をとり、ZC関連資料を見せて協力を要請した。

渡辺によると、朝日の記者はZC関連資料の裏取りに苦労したようだ。朝日の記者が石播本社に取材したところによると、石播側は極秘資料の流出にびっくりしたようであるが、すぐさま、内部で極秘資料の流出源を徹底捜査したらしい。が、マスコミへの流出源を突きとめることができず、「石播内部の共産党員の誰かがZC関連の資料を盗んでマスコミに流したのでは…」と判断していたという。朝日の記者も当初はZCの意味がなかなか分からなかったらしい。それでもさすがに突きとめた。

ニュースソースとの関係で、ここで詳細を明らかにすることはできないが、ある時、担当の朝日の記者に「これはゼロコミのことだよ」と石播の関係者で教えてくれた人がいた。

「ゼロコミって?」と記者が聞いた。

「ゼロ・コミュニストのこと。つまり、職場から共産党員を無くすという人事部の隠語のことだよ」「職場ごとの共産党員やその支持者をリストに作成したのが『ZC管理名簿』というわけ」

これで記者は裏が取れたことになる。

02年10月20日付「朝日」は、夕刊の「個人情報のゆくえ」の連載で「社員の思想　ランクづけ」という見出しでZCとはゼロ・コミュニストの意味で石播本社人事部の隠語であることを明らかにした。

「朝日新聞」の「個人情報のゆくえ」の記事によると、

> 「厳秘」。こう記された、ある重工業大手企業のリストを入手した。表題は「ZC管理名簿」。多くの社員の氏名、部署、住所、生年月日、出身高校などが記されている。さらに、「ランク」として、A、B、C、Dと記号が振ってある。
>
> Aをつけられた人たちの備考欄には「党員」と書かれている。Bの人たち「妻(△子)党員」や「地域で活動の疑い」などだ。
>
> 「ZCは『ゼロ・コミュニスト(共産主義者)』の略。人事部関係者だけが使う隠語だ。つまり、そういう人を撲滅することを目標に、社員管理に用いている社内資料です」。同社の人事関係者は匿名を条件に、そう明かした。

この会社は防衛産業の一翼を担っている。社員の中には反戦活動をしているグループもある。リストの情報はきめ細かい。備考欄には「癌」「腎炎」などの病名や体の障害まで書き込まれている。

妻のサークル活動についての記述もあった。

「○年　Aランクアップ」「ランク見直し×年」という記載があるところをみると、毎年更新されているようだ。

自分がリストに載っていることを知った社員は憤った。「仲間の分も含めて、記載内容はほとんど事実だ。会社はこうやって社員を丸裸にし、管理していたのか。思想信条の自由に反する」

……（略）

同じ頃、渡辺も石播ＯＢにあたり尽くし、やっとＺＣの意味を知ることができた。渡辺は「共産党員撲滅計画」と解した。

11月7日には、日本共産党の井上哲士参院議員が総務委員会で報道・表現の自由を脅かす内容の人権擁護法案の廃案を求める中で、朝日が報じた石播の「ＺＣ管理名簿」を追及した。

すでに、私は共産党の国会秘書で、労働問題のベテラン秘書らに手持ちのＺＣ関連資料を全部見せて相談を持ちかけていた。秘書らは驚いて、「これは絶対許さん。議員、国対（国会対策委員会）と相談して徹底的にやりましょう」と応じてくれた。同月15日には九州・福岡出身の小沢和秋衆院議員が厚生労働委員会で「ＺＣ管理名簿」を追及した。厚生労働省の松崎朗労働基準局長は「具体的な事実、証拠を示していただければ調査する」と答弁し、坂口力厚生労働相も「その通りにする」と答えるに至った。

翌日の「しんぶん赤旗」では、「石播が思想差別名簿」「公安と情報交換労働者ランク分け」「厚労省が調査約束」「小沢議員追及」の見出しで社会面トップで報道した。やはり一面トップ扱いにはならなかった。

石播の「ゼロ・コミュニスト計画は」、逆に石播を追い詰めていく〝切り札〟として大きな役割を果していくことになる。しかし、この時点ではＺＣ関連資料は、まだ〝氷山の一角〟が現れたにすぎなかった。

第２社会　38
2002年（平成14年）10月20日　日曜日　14版

個人情報のゆくえ　⑤

社員の思想　ランクづけ

「厳秘」リス

「厳秘」。こう記された、ある重工業大手企業のリストを入手した。表題は「ZC管理名簿」。多くの社員の氏名、部署、住所、生年月日、出身高校などが記されている。さらに「ランク」として、A、B、C、Dと記号が振ってある。

Aをつけられた人たちの備考欄には「党員」と書かれている。Bの人たちは「党員」や「地域で活動の疑い」などだ。

「ZCは『ゼロ・コミュニスト（共産主義者）』の略。人事部関係者だけが使う隠語だ」。つまり、そういう人を撲滅することを目的に、社員管理に用いている社内資料です」。同社の人事関係者は匿名を条件に、そう明かした。

この会社は防衛産業の

一翼を担っている。社員の中には反戦活動をしているグループもある。

■　■　■

リストの情報はきめ細かい。備考欄には「〇〇」「〇〇」などの病名や体の障害まで書き込まれている。妻のサークル活動についての記述もあった。

「〇年　AへランクアップＡ」「ランク見直し」

「×年」という記載があるところをみると、毎年更新されているようだ。

自分がリストに載っていることを知った社員は「仲間の分も含めて、記載内容はほとんど事実だ。会社はこうやって社員を丸裸にし、選別していたのか。思想・信条の自由に反する」

CやDの意味につ

第2章　人事につきまとう歴史の影

思想差別の司令塔

00（平成12）年11月9～10日。石播人事部は、思想差別の推進者たちをJR両国駅に近い墨田倶楽部で泊り込みの「次席会」を開催している。次席とは課長の一歩手前の30代前半の働き盛りだ。集まったのは、大竹、秋元、岩切（以上本社）、石原、大篠（以上東京）、河合（武蔵）、長尾（横浜）、半藤（愛知）、玉田（相生）、金子（呉）、武田（富岡）ら各地区労働福祉部の次席たち。招集者側は本社人事部の竹園副部長、岡課長、粟井課長ら（次頁表参照）。

平成12年11月10日労管・賃福G作成の議事録「次席会議メモ」によると、第1部の成果主義賃金導入にむけた「評価プロジェクト」を検討した後、第2部の「情報交換」に入り、冒頭、座長の竹園副部長は以下のように述べた。

「情報連絡会を発展解消し、次席会を発足して1年半たった。発足時は、中労委の一括解決により◯との法的争いはなくなり、ブレーンストーミングで◯関係以外のリスクをあげてみるところから始まったが…昨今、武蔵の原告団、富岡のJMIUからの団交申入れ、横浜や武蔵で起きている一般労組がらみの問題など、◯の動きも疎かにできない。公安との情報連絡が上手くいっているか再

平成１２年１１月１０日
労管・賃福Ｇ

次席会議メモ

日　時	：	１１月９日（木）１４：００〜１０日（金）１７：００
場　所	：	墨田倶楽部
出席者	：	竹園ＡＭ（第Ｉ部のみ），浜口ＳＭ（第Ｉ部のみ），岡ＳＭ（第Ｉ部のみ），粟井ＳＭ，関ｓ，大竹ｓ，秋元ｓ（第Ｉ部のみ），石原ｓ，大篠ｓ（１日目のみ），河合ｓ，長尾ｓ，半藤ｓ，玉田ｓ，金子ｓ，武田ｓ（第Ⅱ部のみ），岩切ｓ（第Ⅱ部のみ）

第Ｉ部．評価プロジェクト

１．竹園ＡＭ挨拶

前回の議論に基づく各地区でのラインヒアリングについて報告いただき，それを今後の参考にしていく。背景やものの考え方も重要だが，そろそろ，制度として具体化していかねばならない。大切なのは，ラインにとって使いやすい制度とすることである。ヒアリングなどをふまえ，ラインの考え方に沿うかどうかを確認しながら形作ることが今回の課題だ。

この種の議論は考えるほどに複雑になるが，ひとつずつ叩き台を出して形にしていく必要がある。また，時間的な制約があり，再来年からの賃金に反映させるためには来年４月から業績評価に入ることが必要で，そのための評価項目の整理を行なわねばならない。また評価制度は会社の専権で決定できるといっても，賃金など処遇諸制度へ結び付いていくものであるから，組合に説明する必要もある。

２．前回内容の確認……シート１により確認

３．処遇研究委員会報告書について……報告書 Rev.7（最終版ドラフト）に基づき説明

・「その１」となっているのは，福利厚生・退職金があるため。
・組合は１１月２５日の中央委員会に報告し，その後，各支部委員会で説明の後ニュースを配布する（東京 27 日，武蔵 28 日，横浜 27 日，愛知 29 日，相生 27 日，呉 29 日）。

４．ラインヒアリング結果の報告

度点検していただきたい」

○＝マルとは、日本共産党員を指す人事部の隠語だ。ＪＭＩＵとは全日本金属情報機器労働組合のことである。粟井課長は前月に渡辺ら原告団が本社前で宣伝を行い、面会を求めたことについて

「特徴としては同業他社と組んで押しかけ、争議行動を行ったこと、渡辺鋼の手法が多面的になっていること（株主総会や争議行動など、これまでのビラ配布や押しかけだけではなくなっている）、本社前にて、会社の名誉を著しく傷つけるような言動を行ったこと（懲戒に値するとも思うが、判断は武労福Ｇに委ねている）」

と警戒感と敵意をむき出しにしている。武労福Ｇとは武蔵地区労働福祉グループの意味である。各地区の報告を受けた後、粟井は以下のように締めくくった。

粟井ＳＭ（ＳＭ＝サブマネジャー）　田無警察には富岡のＪＭＩＵの動きなど連絡しておいて欲しい。
粟井ＳＭ　富岡では、公安警察との連絡を行っているのか。
武田Ｓ（Ｓ＝スタッフ）　富岡では行っていないが、今後連携をとっていきたい。
粟井ＳＭ　宇事部移転の対象者には、○がいるか。
河合Ｓ　いない。

宇事部とは宇宙事業本部のことである。彼らのやりとりを見ると、石播人事部と公安警察とは深く長く付き合っていることが分かる。日本の企業と警察とのつながりが強化されたのは戦時中からだろう。一口に警察といっても、それは特高《とっこう》とか特高警察と呼ばれ、国民の私生活の隅々まで監視して国民から恐れられていた特別高等警察のことである。彼らは取調べと称して拷問や殺人まで行った。『蟹工船』の作者、小林多喜二の場合がそうだった。近衛内閣は38年4月1日に公布された国家総動員法を期に一気に労働組合を解体させ、企業ごとに「労使一体」「労使一如」の産業報国会を作らせた。戦争遂行のため生産に励み、労働争議は厳禁というもので、経営側にとってこんなうまい話はなかった。労働組合の解散権をも持つ特高は大きな役割を果たしたが、なかでも石播の前身、（株）東京石川島造船所の場合はひときわ特異な経過があった。

解雇・投獄覚悟のストライキ闘争

石川島造船所は1853年のペリー来航に驚愕した幕府が江戸の石川島に大型洋式船建造所を開設したことから始まる。池波正太郎の「鬼平犯科帳」に登場する鬼平こと長谷川平蔵が進言して作られたという石川島人足寄せ場から開設当初の労働力を集めたという。

その後、石川島造船所の労働者は日本の労働組合運動が誕生する1890年代後半から大きな役割を担ってきた。とりわけ、1921年の造機船工労組合結成から25年の関東金属労働組合の結成へ前進し、賃金引上げなどを要求してしばしばストライキでたたかってきた。三菱や川崎など民間造船所も、呉や横須賀などの海軍工廠も同様で、各地で大争議が頻発した。

労働組合法すらなく治安維持法で労働組合を禁止されていた時代であったから闘争の中心人物は解雇され投獄された。しかし、争議は終息したかに見えてもすぐに湧き起こった。造船業は大量の労働力を一カ所に集める、当時としては最大の労働力集約産業であり、しかも多くは今日のように機械化されない多様な熟練労働によって成り立っていた。造船経営者は職人を抱えて渡り歩く親方熟練工をつなぎとめ、協力を得る必要があり、時には労働者の要求を受け入れざるを得なかった。造船各社が労務管理に力を入れていた背景にはこうした事情があった。28年に石川島造船所実習補修学校が設立されるが、これも工員を直接に育成することで、親方熟練工や労働組合の影響力を抑え、経営陣の支配力を強める目的もあった。

乃木講社で労組を転覆

頻発する労働争議に手を焼いた石川島経営陣は戦闘的な団結を誇った関東金属労働組合の転覆に向けて周到な準備を開始した。24年に神野信一という造機部の職長が工場内に乃木講社を結成する。明治天皇の死去に殉じた乃木希典大将夫妻の遺徳に学ぶことを趣旨としており、経営陣も従業員の精神修養の名目で全面的に推奨・支援し、政府・軍関係者や陽明学者として有名で、戦後の歴代総理大臣の指南役となった安岡正篤などの日本主義の学者たちも講演などで協力したため、会員はまたたくまに全工場に広がった。

渡り職人であった神野は、愛媛県の農家に生まれ、小学校卒業後、木綿会社の給仕を振り出しに、呉海軍工廠、川崎造船所、佐世保海軍工廠、朝鮮の造船所などを経て、18年5月に29歳で石川島造船所に仕上工として入社した。神野は乃木講社を通じて労使一体を説いた。

26年7月に発生したストライキにおいて、経営陣は警官を導入して積極的組合員を検束し、中心職場（自動車部門）をロックアウトした。さらに無期出勤停止処分や43人の解雇などで組合を徹底的に弾圧する一方で、神野派職工を役付けにするなど切り崩したため、西山仁三郎（工労組合京橋支部長）ら古くからの組合幹部層も神野らに合流するにいたり、神野は同年10月、日本主義（労使一体で反共・国家主義をめざす）を掲げる自彊《じきょう》労働組合の旗揚げに成功した。軍部は石川島造船所内に在郷軍人会を組織してこれを支えた。神野らは労働者たちを動員して関東金属労働組合事務所を襲撃し破壊するなどやりたい放題だった。

神野信一の「日本主義」

神野は入社するとすぐに労働者の社会主義サークル啓成会に参加し、活発に活動するが20年にはタービン技術取得のためとしてスイス留学に大抜擢をされる。神野自身の著書「日本主義労働運動の真髄」（亜細亜協会版）によれば、経営陣は神野の思想や活動を問題にしたが、「他に人がないので決まった」とか「留学する船のなかで突然マルクス主義の誤りに気づき、海外視察の中で日本主義に覚醒した」などと述べているが、すべてをそのまま信用しがたい。

研究者も「非常に主観的で、扇動的（というよりむしろ扇情的）な誇張が感じられ、にわかに信じがたい記述や事実の誤りも目につく」（掛谷宰平『日本帝国主義と社会運動』）などの指摘がある。

留学を終えて21年に帰国するや、神野は猛然とストライキ破りのために奔走した。しかし神野のスト破りは失敗に終わる。ちなみに、この翌年22年にスイス留学したのが入社３年目の若き日の土光敏夫（のちの石川島社長、石播社長、東芝社長、日本経団連会長、第２臨調会長）であったが、これはガスタービン技術習得と幹部養成の目的であったことは疑いない。

この経験をふまえ、だれに知恵をつけられたのか神野は正面突破を避け、24年の乃木講社設立へ方向転換している。翌25年、海軍中将の松村菊勇が社長に天下り（以後終戦まで海軍からの天下り社長が続く)、副社長の内田徳郎とともに乃木講社の普及に努めている。またこの年、乃木神社を管轄する内務省警保局寺社部長に就任したのが後に同省警保局長として産業報国会の普及のために神野らのグループや安岡正篤を重用した松本学であった。

こうして関東金属労働組合はついに少数の活動家集団に追い込まれ、自彊労働組合と乃木講社は石川島造船所のほぼ全員を組織するに至った。やがて32年頃には労働者は戦争遂行のために勤労奉仕や賃金拠出を迫られ国防献金運動、兵器献納運動に動員されていった。38年7月に自彊労働組合は自主解散し、石川島造船所社長(元海軍中将松村菊勇)を会長にいただく石川島自彊会に変貌。これが事業所における産業報国会組織の第1号となった。

神野は国防献金運動、兵器献納運動の油まみれの現場の推進者としてまつり上げられ、全国の職場を華々しく講演してまわる中、33年講演先で体調を崩して44歳で急死する。そのあとを西山仁三郎らが引き継いでいった。

公安と企業人事部の癒着

内務省警保局は警察部門を所管し強大な権力を振るった。その保安課は全国の特高を管轄し秘密警察の役割を果たした。松本は警保局長（32～34年）として辣腕をふるい、一方で33年に日本文化連盟を結成し、潤沢な資金を使って安岡正篤らの金鶏学舎や神野らの日本労働連合をその傘下で育成した。警保局を軸とした網の目はまさに時代を絡めとっていった。

特高は、戦時中ほぼすべての大企業のなかに産業報国会を監視・指揮した経験と組織力を持っていた。戦後廃止され幹部は公職追放されたが、すぐにＧＨＱの方針転換で次つぎと復職し、公安警察としてほとんど無傷で温存された。とくにＧＨＱが50年にレッドパージで日本中の企業や官庁から共産党員を追放したとき、公安警察はかつての力を存分に見せつけた。

石川島造船所は敗戦直前の45年6月に石川島重工と改称し、敗戦後の同年11月に社長の荒木彦弼が辞任し、常務取締役の小笠原逸二が社長に就任したが、47年に公職追放令で退任した。48年には下島勝次が社長に就任した。

労働組合は石川島自彊会がそのまま自彊労働組合として同年11月に結成大会を行い、委員長に自彊会の労働者側代表の中村秀が委員長になった。時代錯誤の名称はさすがに評判が悪かったのか翌12月に「石川島労働組合」と改称している。大企業労組の多くがこのように産業報告会の看板をかけ替えただけで出発していると思われる。

しかし青年を先頭にした労働者の生活改善と平和を求める力が、労働組合をたたかう方向に大転換させ、産別会議や全造船も結成されて運動はめざましい発展を遂げる。ここでGHQが2・1ゼネスト中止やレッドパージを指令して押さえ込みをはかったため、その他の事情もあって労働運動は一時混乱、停滞するがやがて総評を中心として三井三池闘争や安保闘争など60年代の高揚へ発展する。

一方、51年に総評に対抗する総同盟の右派労働運動をになう民労研の発会式に、後に石播重工労組の右傾化を果たす労組委員長の金杉秀信、市川健蔵、荒川和雄（東京支部）が早くも顔をそろえていたことも興味深い。

土光敏夫の反共意識

46年に石川島芝浦タービンの社長に就任していた土光敏夫は、50年には石川島重工社長に就任した。造船疑獄で逮捕されたが不起訴で乗り切り、播磨造船（60年）、名古屋造船（64年）などとの大型合併を経て、今日の石播の基礎を築いた。

土光は、60年代の労働者のたたかいの前進に直面して「工場の一つや二つを潰してでも、共産党勢力を排除しなければならない」と号令して労働組合の右傾化を指示する。第3次防衛力整備計画に沿って兵器生産企業をめざす石播の抜き差しならぬ決意表明であった。

65年に土光は東芝社長に就任のため石播を去るが、労組は5年後の70年には全造船機械を脱退し、右傾化が達成された。

土光の強烈な反共意識は、労使一体を叫んだ神野信一の日本主義労働運動を間近に見た体験も影響しているかもしれないが、神野の日本主義労働運動の反共主義を戦後に引き継いだ金杉秀信や柳沢錬造らが労働運動の側から強力に支えたことも指摘しなければならない。

柳沢は33年14歳で養成工として石川島に入社した。その年の9月に神野信一が「栄光の絶頂」で急死しているが、柳沢が自彊労働組合の委員長の死をどのように受け止めたかは不明だ。終戦を海軍士官としてラバウル航空隊で迎え石川島に戻る。金杉は太平洋戦争突入の前年40年に柳沢と同じく14歳で養成工として入社し終戦を迎える。終戦のとき柳沢は29歳、金杉は19歳だ。

戦中獄中で日本共産党を転向した鍋山貞親、佐野学、内山堅雄らは特高の監視と援助の下で反共活動に入っていたが、2人の回顧録（金杉『労働運動余聞』＝水書房、柳沢『道を拓いて』＝富士政治社会教育センター）などによると、金杉、柳沢はこの3人と出会っている。少なくとも金杉は戦中からだ。出会いの場は石川島青年学校ではないかと思われる。

戦後もこの3人や三田村四郎らは戦中の日本主義と反共主義を親米で味付けして高揚しつつあった労働運動に持ち込んだ。これも特高警察が公安警察に引き継いだものであった。若い時代の金杉、柳沢らもこの流れの中で育成されわけだが、とくに金杉は、戦後46年に佐野学が日本主義と反共の労農前衛党を結成したときも、佐野の鞄持ちで全国を一緒に歩いたことや、その後も同盟や民社党など右派潮流の裏の理論家として活動した内山堅雄と長い親交があったことをその回顧録（前掲）で語っている。

こうして育成された金杉、柳沢ら石播労組の右派幹部たちは、石播人事部と密接な連携の下で、労働組合を反共・労使一体の路線につなぎ止め、土光を始め歴代の石播経営陣に一貫して協力してきた。レッドパージから半世紀後の00年においても、石播人事部が極秘で作成している「ＺＣ管理名簿」の備考欄には公安警察からの情報と思われるものが多数記載されている。さらに渡辺らの裁判提訴を受けて石播人事部はいっそう公安警察との連携を指示している。戦中はもちろん戦後も今日に至るまで状況によって濃淡はあるが、石播人事部には常に特高や公安警察の影がつきまとっているのだ。

第3章　労務政策と差別の実態

「はぐくみ会」の結成

50年のレッドパージ以後、会社の労働組合介入に後押しされて労使協調的な潮流が強まる中で、「労働組合は資本からの独立を守ろう」「組合員を主人公にした民主的な労働組合運営を推進しよう」「全造船の方針を支持して職場に活発な組合運動を展開しよう」とする職場活動家らが56年5月に「はぐくみ会」を結成した。その中心は日本共産党員とその支持者であった。彼らはその時どきの情勢に応じた方針と政策を共同で討議し、練り上げて実践するため、労組の各種役員選挙では積極的に立候補した。それぞれが職場活動家として日常的に労働者の利益のために組合運動に参加していくという考え方であった。労組役員に立候補する職場活動家は、選挙広報には「はぐくみ会」推薦の候補者と明記して選挙活動を行ってきた。

石播では60年代から労働組合運動の基本的考え方（「資本からの独立」と「組合内民主主義の確立」）をめぐって異にする2つの集団が存在していた。「はぐくみ会」と「統一会議」である。政党で色分けすれば、「はぐくみ会」には日本共産党員やその支持者が多く、「統一会議」には民社党員とその支持者が多かった。それ以外に社会党があった。

会社は「統一会議」の育成と強化に協力し、「はぐくみ会」に対しては会社に批判的な集団と見なして臨んできた。

当時の政治的背景には65年11月の「日韓条約」批准問題やアメリカによるベトナム戦争反対のスト権投票問題があり、66年12月には死亡災害抗議のスト権投票問題などがあった。全体の傾向としては、労組内の執行部役員選挙でも「はぐくみ会」と「社会党」の左派連合が「統一会議」より優勢で推移していたため、危機意識を持つ会社は組合活動への妨害を繰り返していた。造船重機関係の労働組合の上部団体である「全日本造船機械労働組合」（全造船）は一般に左派系であり、「造船総連」は右派系と見られていた。その中で全造船の有力な単組である三菱支部では組合分裂という事態が発生した。陰では会社による大がかりな労働組合変質工作があったという。これを契機に、石播では二つの勢力による対立はいっそう激しくなっていった。

石播の労組の内部事情としては、企業合併の相手の播磨造船所の労組の上部団体は造船総連であった。一方、名古屋造船の労組は全造船であり、芝浦共同工業の労組は「神奈川金属同盟」であった。石播の労組は合併によって「右」も「左」一緒くたになってしまい、各労働組合は68年までそれぞれの上部団体との関係を維持したままで、全造船石川島分会とともに連合体組織として「石川島播磨重工労働組合連合会」（石播労連）を発足させることになった。

インフォーマル組織の結成と目的

こうした情勢の中で、会社は本社人事部、地区労働福祉部、工場勤労課による、重層的な労務管理の機構確立に乗り出し、労働者の動向を把握できるように努力してきた。そのためには、職場の管理機構を上意下達式に整えた。63年には東京第１工場運搬機械工場課にインフォーマル組織であるＣＦＣ（クレーン・フレンド・クラブ）を結成した。

インフォーマル組織とは、ひとことでいうと陰の秘密労務組織である。労働者を管理・教育していく上で、表向き会社としてできない違法な管理をインフォーマル組織を使って実施していくのが目的である。ＣＦＣは職長、班長を中核にした職制機構で表向きは「親睦会」として発足した。66年４月には会社の勤労部に労務対策室を設置し、インフォーマル組織の育成と多面的、系統的な労務管理ができるように強化していった。

まずは、レクリエーションの組織化が始まり、67年には新入社員教育、指導員制度、68年には監督者教育・中堅リーダー教育を実施した。東京第１工場鉄構工場課では職長が発起人となって、インフォーマル組織「五月会」を結成した。これが職場でのインフォーマル組織のさきがけとなった。インフォーマル組織は各職場、各工場ごとに網の目のごとく張りめぐらされていった。「親睦会」という名で職長や班長が上司として各労働者を会員に取り込んでいった。表向きは任意参加であったが、実質、上司の権限を使って強制的に入会させていった。「仕事は仕事。付き合いは別」という人もいて、最初は入会をしなかった人たちもいたが、次第に嫌なら仲間外れにされることを覚悟しなければならなくなっていった。

さらに、仕事への評価から昇給・昇格の査定までされかねない状況に発展してきたため、多くの労働者は嫌々入会せざるを得なくなっていった。69年9月には東京第1工場全体でインフォーマル組織の連絡会である「東1サークル協議会」が結成され、工場ぐるみに拡大した。会社として業務上の指揮命令系統は一般の企業と同様であるが、労働者の管理はインフォーマル組織が会社の勤労課と連携しながら、「親睦会」と労組を活用して推し進められていった。

会社の介入で〝御用組合〟に変質

一方で、会社は労働組合を会社の意に沿うものにしていかなければならない。当然、労組対策が不可欠となってくる。労働運動は60年代に入ってから全国的に運動が活発になり、労働条件の向上や平和と民主主義を守る運動が発展する中で、石播労組東京支部と武蔵支部の前身は、全造船石川島分会として積極的な役割を果していた。会社は全造船石川島分会の存在が支障となり、勤労部・労務対策室が労組の活動の中心となっていた日本共産党員やその支持者に対し、職場のミーティング資料などで「アカ」「企業破壊分子」として攻撃を開始した。反共攻撃の始まりであった。その狙いは当時、多数いた労働組合運動の活動家の中で、日本共産党員またはその支持者と見なした者、会社に批判的な者を押さえ込むことにあった。

石播はこうした反共宣伝とともに、反共主義の立場から企業に活動家対策を指南する、いわゆる「労務屋」に教えを請うた。労組の会社派幹部やこれと思う労働者をピックアップして、密かに極東事情研究会など社外の反共研修会に参加させ、中核となる人材の育成をめざした。さらに中堅層を押さえるために職長有志の会を組織し、青年層にはレクリエーション・リーダー（レク・リーダー）制度を発足させた。レク・リーダーは富士政治大学などで反共右翼労働組合育成のための研修を受けた。66年から70年までの５年間で東京第３工場（後の第２工場）だけに限っても１８０人ものレク・リーダーを養成している。これらは将来「はぐくみ会」と対抗していく〝親衛隊〟として位置づけられた。

インフォーマル組織の会員は、上司や勤労課の指示で労組役員選挙に名乗りをあげて職場委員、職場代議員（後の支部委員）、大会代議員などに立候補して「はぐくみ会」と対抗した。文字通り会社ぐるみでインフォーマル組織の代表を当選させていった。それでも職場の信頼が厚い「はぐくみ会」の活動家が当選すれば、投票用紙に問題があったかのようにでっち上げ、翌日の再投票までに職長や班長が上司の権限を使って各労働者に圧力をかけて、「はぐくみ会」の労働者を落選させてしまうという、手段を選ばぬ方法で労組役員選挙を取り仕切っていった。有無をいわさぬ選挙のやり方によって、労組内の力関係は数年で逆転させてしまうことができた。職場活動家は労組の役員から一掃されていった。

新しく当選した役員の多くは労組の方針を会社の政策に合わせていった。つまりは労使協調という名の〝御用組合〟に変質していった。

全造船脱退を画策

勢力を拡大したインフォーマル組織は、労組の上部団体である全造船機械労働組合（全造船）からの脱退を当面の目標にした。「統一会議」を強化するため、各職場に「職場を明るくする会」の名称で、インフォーマル組織を設置し、任意としながらも労働者を半ば強制的に加入させていった。労働者が勧誘を拒むと「お前はアカか」「共産党のグループか」「入会しないとお前の将来のためにならないぞ」などと脅して拡大を図っていった。さらに、従来の職制機構としてあった職長会や班長会を「統一会議」に合流した形をとって、70年10月には全工場・職場に設置したインフォーマル組織を束ねる石川島民主化運動総連合（民連）を結成した。これはインフォーマル組織の上部団体ともいえるものであり、以後、公然と活動を開始した。まったく、会社の職制機構、親睦会、労組という目的も性質も違う別々の三組織を反共対策面のために連携させてしまうやり方であった。そして会社は労務管理機構、職制機構を総動員して全造船脱退に向けての環境を整備していった。

70年8月には会社の意向に沿う労働組合執行部が多数を握り、11月の労組定期大会でかねてより画策していた全造船を脱退した。脱退の一般投票は賛成7541票、反対2907票（公示期間短縮による規約違反で仮処分申請が出たが却下された）となった。当初、職場活動家のグループである「はぐくみ会」は資本側の策動として全造船脱退を認めない方針でたたかっていたが、投票結果で形勢不利と見て、十分な議論を尽くさないまま急遽、方針を転換して脱退側である労組執行部の案に明確な態度を示さず、結果として消極的賛成の立場をとった。その理由は多くの労働者が脱退に賛成しているため、脱退反対で労組を分裂させて孤立するよりも、いずれ多数派を形成して労組を正常化させていくべきだというものであった。が、客観的に見て多数派を形成するための議論にもとづく方針も見通しもなく、将来に大きな禍根を残すことになった。

12月には名古屋造船分会も全造船を脱退した。71年10月には、これまで石播の各労組が企業合併で上部団体がまちまちだった連合体組織の「石川島播磨重工業労働組合連合会」は名称を変更し、以後「石川島播磨重工労働組合」に単一化された。72年2月には上部組織として同盟傘下の「造船重機労連」が結成され、石播労組は労連に加盟した。

「はぐくみ会」の解散

労組の各種役員・代議員選挙は様変わりし、「民連」によってほぼ独占される事態になった。全造船脱退後、「はぐくみ会」所属の職場活動家らは、労組の役員・代議員選挙で所属・推薦をやめて「無所属」として立候補するようになった。日常的な労組に対するビラ配付でも職場活動家の個人名（個人による連名）を表示するようになった。

「はぐくみ会」の解散は、会社の労組への支配介入のもとで全造船脱退が強行されたことが契機となった。解散決断の背景には、「はぐくみ会」と「統一会議」ないしは「石川島民連」との対立関係が、ともすれば労働者に悪い意味での〝派閥間抗争〟と受け止められ、ひいては会社に一方へのテコ入れがやりやすい状況をつくり出してしまう懸念があったからだと判断した。それが全造船脱退という事態を生じさせてしまったという思いがあった。

そこで、今後の活動スタイルは職場活動家が自主的に連携を取りつつ集団討議で決定していくことが提起され、了承することになった。従って、「はぐくみ会」は解散しても、職場活動家集団としての共有する理念・方針・政策や構成員の意思形成の手続きは存在することになる。しかし、会社による労働組合役員選挙への介入で職場活動家は急速に基盤を失っていった。

当初、「『はぐくみ会』を解散すればインフォーマル組織もなくせる」という意見や「共産党が肩代わりした方が得策だ」という意見もあった。「はぐくみ会」の解散は、反共の嵐の中で裸で共産党の活動を行うことを意味することになるのだが、「不撓不屈のたたかいをするのが〝英雄的な〟党員」という観念があり、力関係や労働者の意識を無視していたといえる。現在では「全造船脱退に明確な反対を主張しなかったり、『はぐくみ会』を解散したのは、見通しの甘さというより本質はたたかいを避けた日和見だった」と指摘する職場活動家ＯＢがかなりいる。

職能等級制度の導入と差別賃金制度

会社は全造船を脱退させた石播労組の路線を維持・強化するため、労組幹部や「民連」活動家を優遇し、職場活動家を冷遇する労務対策を強化した。各労働者の評価は仕事ができるかできないかという能力の評価ではなく、労働者の思想・信条によって評価された。

72年5月に導入した職能等級制度は、職務系統（事務・技術系、現業系、特務系）内において職区分（執務職、技能職、特勤職、専門職、指導職、上級特勤職等）が格付けされ、同一職区分においては1級（下）～4級（上）くらいまでの職能等級が定められている。さらに、同一の等級内でも格付けが細分化され、最小単位は「号」と呼ばれている。

これらを基本にして考課ランクを上位から順に（S）、（A）、（B＋）、（B）、（B－）、（C）、（D）の7段階に分けられている。考課基準は賃金協約に定められているにもかかわらず、本社人事部、地区労働福祉部、工場勤労課は非専従の労組幹部（専従者は退任時に優遇）や「民連」活動家には（S）、（A）、（B＋）をつけ、職場活動家には（C）または例外的にしかつけないとされている（D）をつけることを原則とするように管理職に指示した。

職能給は人事考課にもとづく査定、能力評価に重点をおいているのが特徴である。しかしながら、他方で実際の制度運用においては、学歴、年齢、勤続年数など、基本的には年功序列的な賃金実態を無視する訳にはいかなかった。つまり、平均的な基準とするべく「標準者」をもとにしないと、恣意的な見方なり判断が入ってくる余地があるからだ。ところが、職場活動家に対しては、年功序列的傾向はまったく考慮されず、意図的に著しく低額の賃金を設定し、一般労働者との間において賃金差別を行った。もとより、このような賃金差別は人事考課にもとづく査定に名を借りて行われており、査定は差別の隠れ蓑になっていた。従って、石播の賃金制度は、一定の枠内で職能賃金制度を伴う年功賃金制度と職場活動家への差別賃金制度が並存しているといえた。

査定は実際の職場における職長や課長クラスの意見によって左右されている。ずっと低く賃金が抑えられている職場活動家を査定する場合、仮りに職長や課長が有能さを考慮して標準者並みに査定してしまうと、職長や課長自身が上司や勤労課、インフォーマル組織から疑いの目で見られるため、結果として、ずっと据え置きにされてしまうことが多い。そのため、ベテランでありながら、若い労働者に仕事を指導していても、教える職場活動家のベテランの方が賃金が低いというバカげた現象さえ起きている。後述する7人の職場活動家の中では、同年令者の過半数が到達している賃金に比べ、短い者で4年の差があり、長い者では27年から29年間も据え置かれて定年を迎えている。これらは結局、裁判でたたかった上で和解し、一定の損害補償として是正された。が、退職後の厚生年金などは低い支給になっており、差別による全面的な補償はされないままで終わっている。

職能給導入初期には、不公正、不公平な事態を生じさせるやり方に抵抗した管理職も少なくなかった。職場活動家が自分の賃金が不当に査定され、差別されていることへの説明を上司に求めても、「あなたの評価は私では決められない」「勤労（課）に昇格を推薦しても認めてくれない。逆に、会社の方針が分かっていないと注意された」という弁解じみた説明であった。ところが、時間がたつにつれ、「君は会社に協力的でない」「仕事は申し分ない。共産党の活動をやめれば上がる」などという説明になり、やがては本音さえいわなくなり、終いには話さえも拒否してしまう有り様になっていった。管理職の中には部下に対して「ここだけの話だが、アカのブラックリストに載ったら絶対にあがらない」などという話も伝わってくるようになった。それほど職場ではブラックリストは「公然の秘密」になっていた。

賃金差別だけではない。職場活動家は住宅資金融資を拒否された。高度成長時代で、職場活動家の多くは、マイホームを建設することを目標にしていた。しかし、活動家であれば容赦なしに資金貸し付け制度は利用できなかった。「結婚し、子どもができ、ローンで家を買うという将来設計が立たず、正直、かなりまいった」という活動家もいた。活動家に好意を寄せている労働者の中にも、厳しい現実に距離を置きはじめる者もいた。

企業内ファシズムによる支配体制の確立

会社による差別政策は、概ね2つの段階に画すことができる。その第1期は60年~70年の時期で、全造船石川島分会の全造船脱退という目標に向けて、労組内での脱退賛成派を多数占めさせることであった。これによって、前述してきたように会社の意のままになる労組にさせることができた。

第2期というべきものは、労組の多数派を獲得するということに留まらず、「はぐくみ会」の完全封じ込め及び一掃を実現するために、「企業内ファシズム」ともいうべき専制的な支配の確立に乗り出した。この体制は5年後の75年頃にはほぼ完成させ、人権回復裁判で和解に応じるまでの２００４年（完全終結には２００７年）の約30年間にわたって貫徹されてきた。

会社の肝入りで結成された民連は、労組を会社が利益をあげていくためのさまざまな施策に協力する方向に持っていくために職長会、班長会による会社の職制機構が勤労課と連携しながら労働者の動向を把握して労務政策を完遂していく組織である。しかしながら、労働者個々の動向まで把握するには職制レベルでは限界がある。会社が強権的に労働者を支配しても、さまざまな労働条件の改悪などによって客観的には会社と労働者の間の矛盾が広がるために、正当な主張を展開する職場活動家を抑えることができなかった。

こうした背景があって、職場活動家が積極的に活動していた田無工場に75年に民連の「75連絡会」が作られた。同年、瑞穂工場にも同様の「楠会」が作られた。田無、瑞穂両工場の武蔵地区では、「隊友会」に組織された元自衛隊出身者数十人がインフォーマル組織の中心に据えられた。そして、相生工場には「コスモス会」、東京第1工場には「東1サークル協議会」といったように、すべての事業所、工場でインフォーマル組織の旗揚げが行われた。これまでの全員参加の親睦会「職場を明るくする会」はすでに有名無実となっており、解散させられた。その後、田無と瑞穂両工場に事務所部門を合わせて「事務所連絡会」という組織も作られた。「楠会のしおり」には楠会組織図のサークル内に職長会、班長会が記載されており、会社の利益を代表する職制中心の組織であることが分かる。「武蔵事務所連絡会規約草案」では、武蔵地区インフォーマル構想で「75連絡会」「楠会」「事務所連絡会」が中心にインフォーマル組織を形成している。

86年11月1日と8日に武蔵会館会議室で開かれた班長会全体集会では、「㊟（マル共＝日本共産党ないしは日本共産党員の意味）活動に対し行動を厳しく監視」「問題点として㊟及び（会社に対する）非協力者」「㊟に対し行動を良く見ておく。ビラの内容も把握しておく」「残業は㊟にさせない。㊟とは差をつけて（何事においても）やるんだといつも腹に持つ。㊟と他を結びつけないように気をつける」と記述した資料が各班長に配られ、研修会の主要議題として意見交換や討議を行っている。

いかに、会社が共産党及びその支持者を監視し、他の労働者から引き離し、残業させないで経済的にも打撃を与えていくなど、何ごとにおいても差別していく労務政策を現場責任者に徹底させて実施していたことがよく分かる。

88年1月に発行された「75連絡会」のニュースでは「わが課には㊕がいますのでサークルの方針にも取り上げ、良い意味でサークル活動が引き締まっています」「㊕対策にサークル員が実際に触れ、意識が向上しました」「8月25日に㊕の勉強会を行いました。内容は会長研修会で行った8ミリをサークル全員で見てもらい、㊕の恐ろしさを認識してもらいました」「㊕対策は昨年同様㊕ビラの内容勉強会対応策等を数多く開き、身につけたいと思います」と伝えている。

職場単位でインフォーマル組織を設置

インフォーマル組織は工場、事業所の単位から、さらに細分化して職場ごとに組織化されていった。職場ごとのインフォーマル組織は、例えば「同心会」、「ライト会」、「一輪会」、「協友会」などといった名称をつけて作られ、多くは職長や班長クラスが職場の会長に就任した。職長や班長はこれと思う労働者を選んで幹事に据え、すべての労働者の動向が手にとるように分かる監視網を築いていった。これらのインフォーマル組織は、従来と同様に表向き任意参加で「親睦会」の名で勧誘していった。

インフォーマル組織は非公式な組織であるため、会社に代わって不法な不当労働行為を行うことを使命としている。その幹部を首尾よく務めることは、会社の高い評価を得る上で重要な要素になっていたので、昇給・昇格とも絡まって偏った労務管理はますますエスカレートしていった。

本社人事部、地区労働福祉部、工場勤労課は、インフォーマル組織を通じて職場活動家とは「口をきくな」、「挨拶するな」、「（目が合うと挨拶しなければならないので）目を見るな」、「ビラを受け取るな」、「香典を受け取るな」、「行事に呼ぶな」、「サークルに入れるな」などと、職制を通じて各労働者に指示を出し、極端な〝村八分〟（〝職場八分〟）状態をつくりだしていった。良識、常識のある労働者は「そういうことはやってはいけない」とか「おかしい」などと疑問を挟むと、その労働者自身が職場活動家への理解者、協力者、支持者と見られるため、結局は上司の指示通りに従っていった。

民社党一党支持押しつけと企業ぐるみ選挙

会社は77年7月に実施した参院選挙で、民社党（当時）の全国区候補として立候補した石播出身の柳沢錬造氏の当選のために、会社組織を総動員した企業ぐるみ選挙を展開した。当時、柳沢氏は石播労組の委員長で社内では「Y選」と呼称していた。選挙戦の1年前に職場では「柳沢錬造後援会」が結成され、工場長以下、部課長、職長、班長、ヒラの労働者の9割近くが加入した。インフォーマル組織に入らされている労働者は、職制から半ば強制的に1人10人以上の紹介者を書いてくるよう「紹介者カード」を手渡された。

多くの労働者は親戚、知人、友人等の住所氏名を書いて提出させられた。でないと、班長や職長は承知せず、嫌が上でも協力せざるを得ない環境であった。特に、若手の労働者は選挙戦の手足にされ、田無市民会館で開かれた決起集会をはじめ、職場を含めてさまざまな集会への参加を強要された。支持拡大活動に積極的でなければ休暇を取ってやらされた。職場によっては、職制が就業時間中に票読みカードの回収に回ってきている。投票の結果、柳沢氏は当選した。選挙後の社内報「あいえいちあい」8月号では真藤恒社長と金杉秀信労組委員長が「『難局』乗り切りはこの手だ」「みんなで体得した〝本気集団〟の底力」と「Y選」の賛美の対談を大々的に特集した。「Y選」は83年の参院選の取り組みでも同様であった。

職場の活動家集団は、民主的に運営されるべき労組が特定政党の支持と候補者を押しつける決定をすべきではないとの考えで活動した。石播が会社資本・組織力で利益者代表を国会に送り込もうというのは、国民の思想、信条を侵害するものとして「企業ぐるみ選挙」に反対し、駅頭や集会などで多くの市民に訴えた。77年6月には「職場に自由と民主主義を確立する会」を結成し、田無市のシチズン労働会館で企業ぐるみ選挙反対の集会を開いた。２０００年に石播人権回復裁判の原告となる小野益弘が会の事務局長となって取り組みを進めた。

緊急対策と称した79年と86年の人員削減政策の推進

79年2月、会社は「緊急対策」と称して4610人の「合理化」策を提示してきた。前年の78年から第2次石油ショックの影響もあり、本格的な不況対策に乗り出し、造船設備の削減、管理職の賃金カット、残業ゼロ体制を実施した。同年5月には造船産業はアルミ精錬、合繊、合金鉄、紡績、化学肥料、平電炉などとともに不況産業指定になった。会社は11月には、東京第1、名古屋工場の閉鎖、希望退職等の実施を発表した。これに対し、石播労組は人件費20％削減、人減らし「合理化」、工場閉鎖の強行を内容とした会社の「緊急総合経営対策」を十分な職場討議もなしに了承した。

職場活動家は「首切り、工場閉鎖のなしくずし強行をやめさせよう」「徹底した職場討議で決めるべきだ」「事実上の退職勧告を止めさせよ」と抗議行動を展開した。結局3月末には再雇用打ち切りを含めて6000人余が削減された。80年になって残業ゼロ体制が解除され、過剰設備の削減についても完了した。

86年9月5日、「日本経済新聞」は「石播造船設備6割削減　人員7000人合理化」と報じた。会社は10月15日、労組に対して「緊急対策」の申し入れを行った。その内容は、55歳以上に「早期勇退制度」、35～54歳以下に「早期転職援助制度」など余剰人員の削減計画を柱にしていた。会社の提案の背景は、85年のプラザ合意後の急激な円高による不況局面を利用して、7000人が余剰と発表して社員3人に1人という大幅な人員削減と徹底した労働強化で高収益をねらっていた。これに対し、職場活動家は「人減らし目的の造船不況宣伝」「計画の全容を明らかにせよ」「徹底的な民主的討論を」と反論を展開した。

「退職強要をはね返す十二章」

会社は思うように希望退職者が出なかったため、11月10日から強引な退職強要に乗り出した。職場では対象者の仕事を取り上げ、仲間外れやミスに対する誹謗中傷、罵倒によるいじめと見せしめが始まった。職場活動家は職場集会で訴え、労働者の家庭訪問をして労働者の率直な意見を聞いて励ました。その上で、「追い出されてたまるか退職強要をはね返す十二章」と題するビラを配付した。「退職強要をはね返す十二章」は次の通りだ。

第一章　「辞めます」と言わない限り、辞めさせられることはありません。辞める気がないのなら「辞めません」とはっきり言うことです。

第二章　辞められない理由を並べてもつけ入れられるだけです。「考えてみます」と答えると、攻めたてられてかえって断りにくくなります。

第三章　「辞めません」と断っているのに、二度、三度と呼び出すのは退職強要そのもの。「会社の事情はわかりました」と呼び出しを断ろう。

第四章　「協力してくれ」も「辞めろ」ということ。労働者が「退職を迫られた」と感じる会社の言動は退職強要であり、抗議し、止めさせよう。

第五章　労組幹部は「肩たたき、退職強要はさせない」といっています。「退職強要」と感じたら、すぐ止めさせるよう、労組に求めよう。

第六章　「『世界のＩＨＩ』を築いたのは俺だ」と誇りを持って、その自分を使い捨てにして、新たな大儲けを企む会社に、怒りをもって抗議しよう。

第七章　「今辞めないと損をする」といわれたら、「働いていれば月々給料が入り退職金も増えるが、失業したら食い潰すだけです」と答えよう。

第八章　「会社が大変だから協力してくれ」といわれたら、「大変なのは私の生活です。会社は辞めた後の私の生活の面倒見てくれますか」「会社の再建のために頑張らせてください」と答えよう。

第九章　「辞めないと、一時帰休や配転になる」といわれたら、「その時考えます」と答えよう。職場に踏み止まってたたかえば、活路が開けます。

第十章　会社の「説得」に、どう答えて良いかわからなくなったら、とにかく「私は辞めません」と答えよう。出来なかったら黙っているのが最大の防御です。

第十一章「短期は損気」、頭に血がのぼってカーとなったら、奥さんや子供の顔を想い起こして、踏み止まろう。

第十二章　ひとりだけで想いつめず、仲間を信頼し、相談し、はげましあって、団結して退職強要をはね返えそう。

「緊急対策なぞ関係ない」と平然としている
共産党グループに我々の痛みが分るか

我々は重ねて主張する。「緊急対策」に諸手をあげて賛成したわけではない。汗を流し努力を積み上げ、今日のIHIを創りあげてきた我々に、このような「対策」を提案した経営者に対しその責任を厳しく問いたい。しかし　そればかり主張し、手をこまねいていては我々の明日はない。そう判断したから苦しい決断ではあったが、やむなく受け入れた。

「我々の生活の安定・向上」の為にも、企業基盤をより安定させなければならない。「俺はIHIの従業員だ」と胸を張れる企業に再建しなければ「退職」「転職」を決意した人達に申し訳がない。

この苦境を利用し、日本共産党の指導のもと党勢拡大に血道をあげ、やたら煽動にやっきとなっている共産党グループに、我々のこの痛みが分るか。

「緊急対策」を党勢拡大・選挙運動に利用する共産党

★　雇用の確保と言いながら出向・派遣・転籍には反対。

★　「大企業は儲けすぎ」「大企業は庶民の敵」などIHIの悪口言い放題。

★　「豊洲には含み資産一、二三六億円の土地がある～IHIの危機は全くない」「豊洲の土地を売れば〇〇円となる」など無責任発言。

これは共産党グループが日頃発言し主張していることであり、「緊急対策」に対して「日本共産党石川島委員会第17回党大会第2回党会議」の特別決議にもとずき、門前であるいは従業員宅に投入されている煽動ビラである。日本共産党の宣伝カーを使い、統一地方選挙の立候補者らしき者を立たせ、統一労組懇（一般に共産党系といわれる組合で組織）などの外人部隊を使い、宣伝・煽動をくりかえす共産党グループの「緊急対策」を利用した組織的な党勢拡大、統一地方選のための選挙活動など許せるものではない。こんなことをしている共産党グループに我々の痛みが分るか。

働く者の先頭に立つと言うなら
「共産党グループがまずやめるべきだ」
という「声なき声」にどう答えますか

共産党グループは、日頃「労働者の為に先頭に立って活動する」と言っているが本当にそうだろか「合理化には何んでも反対」「出向・派遣・転籍には裁判に持ち込んでも反対」「IHIの悪口は言う」、ある事業所の共産党グループの一人は「オレは七〇〇一人目に退職する」とウソぶいていると聞く。こんな日本共産党グループに対し、「まず共産党グループこそやめるべきではないか」と言う職場の「声なき声」があちらこちらから聞えてきている。

我々の生活安定と向上を願い、IHIの為に諸合理化に真正面から取り組み、実践してきたのは我々の仲間先輩であって、断じて日本共産党グループではない。今後のIHIの再建を考えたとき「まず共産党グループこそ退職すべきではないか」という職場の「声なき声」に日頃「働らく者のの先頭に立つ」という共産党グループの皆さん！　どう答えますか

昭和61年12月18日

㋚　職場を憂うる有志一同

労働者のこうした「合理化」とのたたかいに、『週刊朝日』は「希望という名の退職強要」と報じた。後になって石播弁護団の菊池紘弁護士は「差別是正を求める石播の争議が全都的に広がった転機となったのは、あの7000人合理化だった。活動家は『退職強要をはね返す12章』のビラを各工場で配った。これは職場の労働者の気持ちを踏まえた的確な内容だった。石播の7000人削減は体制的リストラ合理化の先駆けだったが、その後多くの首切りの場で同じような10章とか12章とか10カ条とかが各地の工場で配付されたことに、この『12章』の言論の力が示された」と述懐している。

12月に入ると、職制が中心のインフォーマル組織と労組幹部が一体となって職場活動家を批判するビラを配付し出した。「㊒を指名解雇せよ」「日共粉砕、共産党は会社から出ていけ」など、もっぱら共産党攻撃に終始する内容であった。シュプレヒコールで気勢を上げ、次第に

エスカレートしていった。職場活動家のすべては退職強要を受けた。中には希望退職の対象者にもなっていない35歳未満でありながら、「お前は共産党員か」「会社にいられなくなるぞ」と脅し、課長、職長が自宅まで押しかけて両親に息子の退職を迫っている。「退職強要は労組も認めていないはずだ」と抗議しても、労組幹部は「面談は業務命令だから断れない」と述べ、黙認するだけであった。

「へちまの会」の謀略ビラ

12月中旬、職場活動家の人減らし「合理化」の反対運動に対し、正体不明の団体名「へちまの会」の「出ていけ！　共産党！」と題するビラが門前や構内のロッカー室、便所に配付してあった。内容は以下の通りである。

> 「関係のない外部のものは、会社の悪口をいうな！　内部に干渉するな！　会社の悪口をさんざん言ってきた㊒は、なぜ、そんなに会社にへばりつくのか？　好きなところへ出ていけ　仕事はしない、協力しない、㊒は再建の妨げだ！　俺たちの会社は俺たちで守る！」
>
> へちまの会（アカを落とします）

イラストには、安全靴の底に「出ていけ！」と書かれており、田無工場の職場活動家、渡辺鋼らしき人物が足蹴にされている。正体不明の団体名による品性のかけらもないビラであった。門前でビラをまいていたのは職制や「民連」幹部、労組幹部で、正体不明団体であってもまったく〝頭隠して尻隠さず〟であった。

小川末次吊るしあげ事件発生

「希望退職」の期限である12月25日が近づいてくると、田無工場では出勤時の入門妨害事件が発生した。午前7時前から職制やインフォーマル組織が正門に200人、西門に150人ほどの労働者を動員し、職場活動家の出勤を妨害した。集団で工場の門をふさぎ、指揮者があおって「日共粉砕」「帰れ、帰れ」などと唱和を繰り返した。活動家が門から入ろうとすると突き飛ばし、ツバを吐きかけ、自転車を蹴飛ばして「お前らの来るところではない」と罵声を浴びせた。職場活動家でない労働者は、わずかに開けた隙間から門を通過していった。

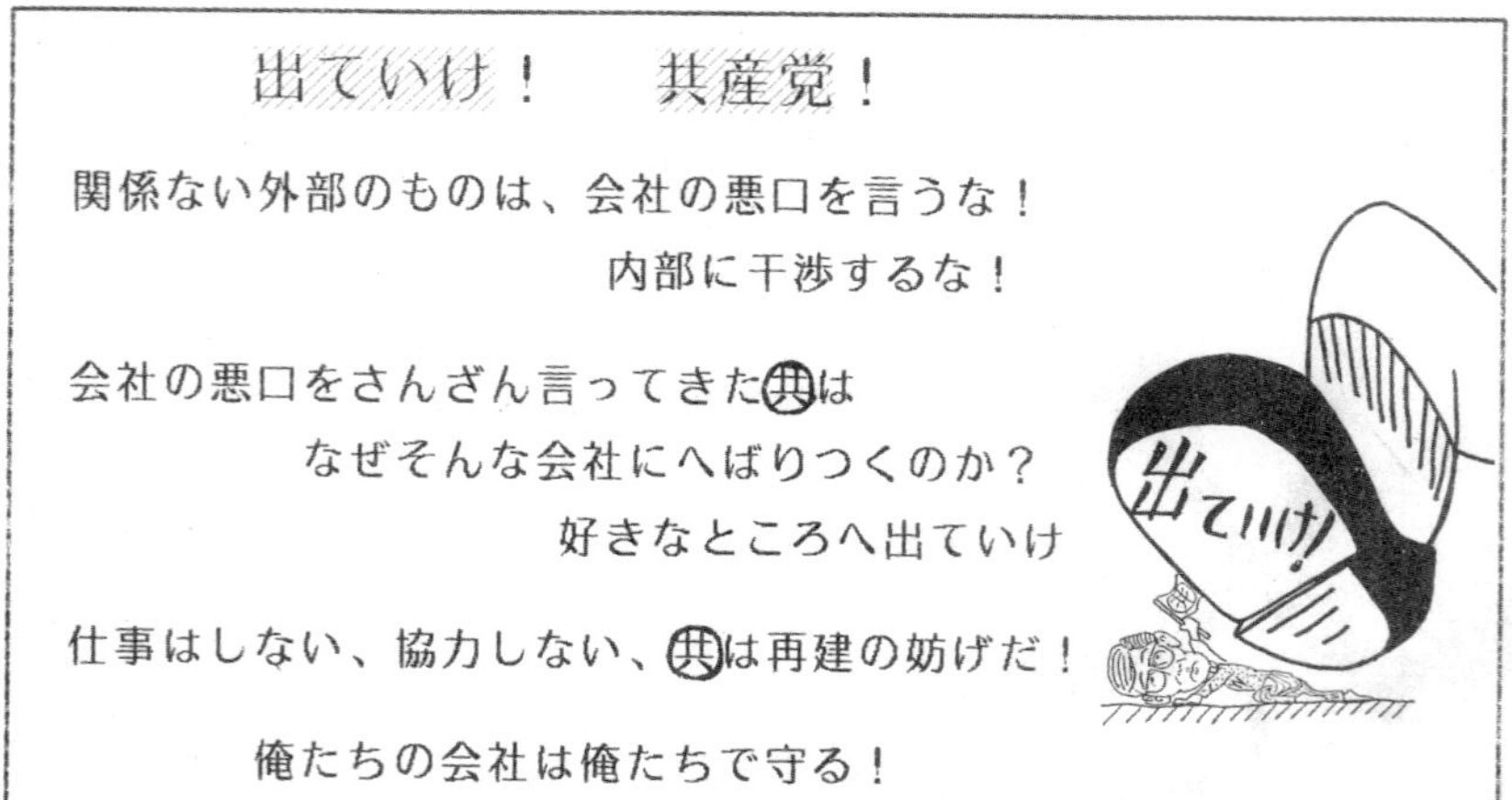
出ていけ！　共産党！

関係ない外部のものは、会社の悪口を言うな！
内部に干渉するな！

会社の悪口をさんざん言ってきた(共)は
なぜそんな会社にへばりつくのか？
好きなところへ出ていけ

仕事はしない、協力しない、(共)は再建の妨げだ！

俺たちの会社は俺たちで守る！

へちまの会（アカを落とします）

“協力もしない”“汗も出さない”(共)は、即刻、退めろ。

(建)の皆さん、我々の諸先輩が「自らの身を切って退職していく」中で好き勝手なことを言いながら、自分だけカヤの外を決め込んでいる(共)を、我々は、このまま放っておくわけにはいきません。
我々は声を大にして言いたい！
『寄生虫たる(共)こそ辞めるべきだ！』

(共)の実態１０章

1章　これまでの出向・派遣に協力したのは(建)だけ、(共)は何の苦労もしていない。
格好のいいことだけ言うな！

2章　「転籍するなら他の人を。」「転籍したい奴を行かせればいい」が(共)の常套手段、(共)は自己中心、独善主義。
いい加減にしろ！

3章　(共)は「雇用確保。」と言いながら「大企業は儲けすぎ、軍需工場、大企業は庶民の敵」等と自分の会社を常に批判。
イヤなら静かにされ！

4章　(共)は「豊洲・横浜の土地を売ればいい」と言う。じゃあ、我々の仲間はどこにいけばいいのか？「豊洲・横浜地区を売ればいい」と言うことは「工場を閉鎖しろ」と同じ事。
無責任なことは言うな！

5章　(共)は「円高を是正しない大企業が悪い」の一点張りだけ。現実を直視せず、なにが円高だ。
ふざけるな！

6章　(共)と掛けて「人の為」と解く。その心は「偽り」。(共)は「我々、労働者の仲間の皆さん」と呼び掛けるが、彼等の狙うところは『党の党利党略』の拡大路線でしかありえない。
我々を道具にするな！

7章　(共)は「時短で雇用の拡大を」というが、こんな厳しい状況の中で「何が時短だ」好き勝手なことをならべたてて、
気楽なもんだな！

8章　石播労組の組合員でありながら、公然と石播労組を批判する(共)は、組合員に名を借りた不平・不満分子でしかありえない。
恥を知れ！

9章　(共)は「デモだ」「裁判だ」と言って休暇も早退も取りほうだい。そのしわよせは(建)へ。
何が労働者の味方だ！

10章　周囲に文句を言うだけで「害は山ほど、貢献　皆無。」
口先だけの勝負が(共)の実態だ！

(共)が我々労働者のためになる最初で最後のことは
『(共)が退めることしかない！』

職場を憂うる有志一同

出勤妨害が日に日にエスカレートしていく中で、「希望退職」の期限があと1週間と迫った19日、瑞穂工場では昼休みのチャイムを合図に150人ほどの職制たちが小川末次を一斉に取り囲み、「会社を辞めろ」「ここで退職届けを書け」と迫り、45分にわたって吊るし上げを行った。小川はその前日、「19日には休暇を取りたい」とO課長に申し出ていたが、O課長は理由もなく許可しなかった。当日の吊るし上げも多数の管理職が現場を見ていながら、誰一人止めなかったことから考えても、会社の指示で行われたことは明らかであった。O課長はその日の午後に小川を6回も勤務中に面談の呼び出しをし、さらに退社時にも60人ほどの職制が小川をロッカー室前で取り囲んで、絶え間なく耳元で「てめぇ」「この野郎、さっさと辞めろ」「返事せんか。明日の朝までやるぞ」などと怒鳴りまくった。小川は左右からタバコの火を近づけられ、小突き回され、蹴飛ばされた。

合言葉「たたかってこそ明日はある」

小川はその日は金曜日だったので、「明日の朝までやるぞ」という言葉に、「今日は帰れないかも知れない。ここで気を失ったら何をされるか分からない」と思い、必死に踏ん張ったという。解放されたのは2時間20分後の午後7時20分すぎであった。小川はこうした吊るし上げを翌年の87年3月まで計10回受けた。教員の妻にまで攻撃が及ぶにあたり、小川は暴力差し止めと損害賠償を求める裁判でたたかうことを決意した。職場活動家は小川の全面的な支援を決めた。裁判では、吊るし上げの罵声の録音テープが決定的な証拠となった。暴力で立ち向かう中で、「たたかってこそ明日はある」という合言葉が生まれた。田無地域のシチズン時計の労働者だった橋本利正が考えついた。最初は「たたかってこそ未来はある」であったが、「明日」の方がよいということに落ちついた。その後、歌や構成劇となって全国に広がっていった。「たたかってこそ明日はある」は、石播の職場活動家のその後のたたかい全体を示す標語になった。

小川裁判は8年のたたかいを経て94年7月に東京地裁で和解に至り、会社に暴力に対する「遺憾の意」を表明させ、解決金を支払わさせた。小川裁判は思想差別を是正するには至らなかったが、この和解にあたり、田無、瑞穂両工場の職場活動家は思想差別をやめさせるたたかいを共通の切実な課題として確認した。

出勤妨害をしていた職制、インフォーマル組織の幹部、労組幹部、動員された労働者らの妨害行為は、始業5分前に鳴るチャイムが聞こえると、指揮者が「ご苦労さまでした。明日の朝もよろしくお願いします」という声で終わり、各職場に戻っていった。誰もこうした出勤妨害を止めることはしないから、この妨害が会社の指示で行われていることは明らかであった。職場活動家は入門してロッカーで着替え、各自の職場に遅れて出勤しても、日頃、うるさい上司も何もいわなかった。それでも、中には「いつも遅刻してるじゃないか」と嫌味をいう職制もいた。職場活動家が「いくら早く来ても出勤妨害するから入れないことぐらい分かってるでしょう」というと、黙っていた。職制の隣りにいた労働者に対しても、「この人たちも妨害してたんでしょう」というと、プイと横を向いて自分の席に戻っていった。

職場活動家は誰一人黙っているはずはなく、勤労課に「これは出勤を妨害する行為だ。就業規則の懲戒事項にあたる。直ちに是正して厳重に対処すべきだ」と何度も申し入れている。これに対し、勤労課次席は「就業時間外のことには会社は関知しない」とか「構外なので会社とは関係ない」と答えている。

都知事選ビラまき妨害事件発生

87年1月からは出勤妨害は無くなったが、職場活動家が早朝出勤のためにビラを配付すると、20～30人の職制と「民連」幹部が駆けつけてビデオ撮影を開始し、「ここはわれわれの会社の門だ。ビラまきは許さない」と大声でわめき、配付を妨害してきた。このため、1月に2回、2月に1回、途中でビラ配付を中止せざるを得なくなった。3月には都知事選の法定ビラをまいている最中に、職制や「民連」の幹部40人が取り囲み、体当たりをした後に法定ビラを強奪した。ビラをまいていた小野益弘と高橋年男ら「明るい革新都政をめざす会」は4月、中心人物の小山紀夫（職長）、森内正登（同）、成田茂（同）、宮沢要作（班長）を公職選挙法違反で田無警察署に告発した。告発した翌日、逆恨みした小山は、ふたたび小野に暴力を振るった。

89年3月、東京地裁八王子支部は小山に公民権停止3年、罰金5万円、森内、宮沢に公民権停止3年、

罰金3万円の略式命令を出し、有罪が確定した。ところが、会社は3人に事情聴取した上で、「双方のいぶんが違っている」として告発者の小野と高橋に「騒ぎを起こした」として厳重注意をしてきた。

会社行事を利用した差別と見せしめ

石播の多くの工場や事業所では、名称はさまざまだが春の桜まつりや夏の納涼祭を会社行事として実施してきた。田無工場を例にとると、納涼祭では工場のグラウンド中央に大きなやぐらが組まれ、グラウンドを縁取るように各職場の桟敷が作られる。さらに、その外側の通路にはたくさんの夜店が並ぶ。町内会や商店街などが主催するのと同様で、夏祭りお馴染みの光景だが、石播では桜まつりや納涼祭は会社にとって職場活動家に対する陰湿な差別と見せしめの場として利用される。

大がかりな桜まつりや納涼祭を実施するのは会社である。会社は「親睦を深めるために、こぞってご参加を」と通達を出して呼びかける。インフォーマル会員ではない管理職も参加するほか、従業員家族やOB、関連業者なども参加するので、誰にでも開かれた会社行事となっている。しかし、桟敷の準備や飲食の手配、会費の徴収は、各職場のインフォーマル組織が行うため、それから排除されている職場活動家は実質、参加できない。

こうしたやり方が始まったのは、75年に職場にインフォーマル組織が作られたときであった。田無工場の納涼祭で職場活動家であった原隆は妻と2歳の娘を連れて参加したが、インフォーマルの幹部(職制)が原を取り囲み、「(お前らの)席はないぞ。出ていけ」といって家族もろとも桟敷から追い出したことがあった。妻は「みんなで楽しく過ごす場なのに、どうしてこんなことをするんですか」と涙ながら抗議したが、インフォーマル幹部の剣幕に参加者は黙って見ていた。こうした仕打ちは当人への打撃もさることながら、多くの関係者の前で見せしめとして職場全体を抑え込むことがねらいである。

とくに、7000人「合理化」策が打ち出された後の87年以後から、嫌がらせと見せしめの激しさが増していった。桜まつりが迫った3月末、職場活動家に対しては、親睦費として参加費を集めている場合は、参加されては困るので事前に返却してくる。その理由は「グループの親睦会を解散した。みんな、あなたと一緒に飲みたくないといっている。桜まつりには呼ばない」とか「あなたは会社に協力しないし、嫌われているから」などをあげている。どの職場でも判で押したように理由は同じだった。それは同じ指示が出されているからであった。

職場活動家の多くは、会社行事の直前になると自分の机の上に会費の割り戻し金が置かれてある経験をしている。添えられていたメモには、いつの間にか職場全員の印が押され、回覧されてあった。職場活動家にはひとことの説明もなく、ある日突然、返金されてくるものだから、当然、納得しない。同僚に「いつ、なぜ、そういうことになったのか」と聞いてみても、誰もが下を向いて黙ったままである。上司や労組幹部に聞いても「インフォーマルがやっていることだから、とやかくいえない」と口をそろえて逃げてしまう。あげくの果て、「そんなこと気にしないで、自分たちで楽しめばいい」「好きな者同士でやるんだから、あんたらも仲間と勝手にやればいい」と話をそらして、インフォーマル組織が差別している事実に目を向けないのが常だった。会社の行事と個人の飲み会をわざと同じ次元にして誤魔化してしまう。理不尽さが分かっているだけに、触れたくないのだ。

中央労働委員会で3争議の一括和解

会社の職場活動家に対する差別は、思想差別を基本に据えて賃金、配転、出向、解雇、人権、男女、職場（仕事の取り上げ等）、福利厚生など、あらゆる分野に及んでいる。74、75年からすべての地区・事業所で職場活動家に対する差別・排除が強まっていった。これに対し、76年9月、東京地区の23人の活動家（その後1人追加申請で計24人）が「賃金差別の是正」を求めて東京都労働委員会（都労委）に不当労働行為の救済申し立てを行った。都労委闘争は、初期段階では法廷闘争が主体で大衆行動を伴う組織までには至らなかったが、支援共闘会議が結成され、共同闘争の発展に積極的な役割を果たした。

都労委は90年5月に「会社の職場活動家排除の労務政策や労働組合選挙への介入は、不当労働行為」と断罪した。申立人の活動は正当な組合活動として保護されるべきものだと判断し、同期同学歴者と比較して賃金、一時金差額の支払いと職能等級制度上の資格の是正を命じた。これに対し、会社は是正に応じようとはしなかった。たたかいは22年間に及んだ。

85年1月、東京第2工場の製缶職場の石井潜、池原吉政、中居洋志男の3人が田無と瑞穂工場に配転させられた。3人はいずれも命令された勤務地で就労したが、これまで20数年にわたって培ってきた技術と経験、人間関係が奪われた上に、職場活動家に対する「不当労働行為」「労働契約違反」「人事権乱用」であるとして、配転命令の撤回を求めて東京地裁に提訴した。翌86年1月には東京第1工場の石井浩が田無に配転させられた。石井浩は提訴している3人と合流した。その後、会社は2工場を閉鎖し、約200人の労働者全員を配転、出向、移籍させた。4人の原告は活動家集団や弁護団の支援を受けて13年間にわたってたたかうことになった。

87年9月、豊田信雄、黒坂信彦、石井安久、熊谷広義、永沢俊一の5人の労働者は出向拒否を理由に懲戒解雇された。5人は88年1月に都労委に提訴した。たたかいは11年に及んだ。

98年9月25日、これら3件の石播争議は中央労働委員会の斡旋によって一括解決することになった。解決内容は次の通りとなった。

一、会社は5名の懲戒解雇を撤回し、うち2名を2年間継続雇用する。
一、会社は申立人らの賃金の是正を行う。

一、会社は解決金を支払う。

この解決は、すべての石播労働者の権利の拡大に結びつく画期的なものであった。全都及び全国で進められている職場の権利と自由のたたかいを励まし、石播の不当労働行為が疑問の余地なく明らかになった。しかしながら、賃金差別是正については不十分さが残り、反共労務政策も改めなかったために差別政策や会社行事からの排除はずっと維持されたままであった。このため、00年の人権回復裁判へと発展していった。

会社による労組選挙対策

会社は労組支配を確立した後も、職場活動家の撲滅を労務管理の中心に据えていた。90年代に入って、職場活動家に対する支持を減少させるために地区労働福祉部とインフォーマル組織が一体となって開始したのが、労組の役員選挙に関する不在者投票の拡大と締めつけであった。労組役員や労組大会代議員の選挙は、朝の出勤時に一斉に投票するが、不在者投票は昼休みや退社後に数カ所の場所を設けて実施されてきた。インフォーマル組織は投票率向上を口実に不在者投票を当日投票ができる労働者にも押しつけるようになった。労組は完全にインフォーマル組織に牛耳られていた。

実は田無、瑞穂両工場がある武蔵地区の労働福祉部が作成した「平成13年度選挙対策」（01年）を職場活動家が入手した。労働福祉部は毎年実施している労組の役員選挙対策として以前から実施してきたものと思われる。年度の入った選挙対策を表題にしていることは毎年、一定の見直しをしていることになる。01年の選挙後に入手できた。

それによると、具体的対策として①ＩＧ（インフォーマル・グループの略）を中心に各職場で民連候補者の顔合わせを行い、候補者の徹底を図る。②新入社員は、選挙内容を十分に説明する。実際の投票にあたっては指導員が新入社員を連れて、できるだけ不在者投票をさせていく。③投票日当日の年休、振り替え休日の取得予定者、当日のフレックスの予定者については、不在者投票の実施を職長、班長、インフォーマルを中心に呼びかけていく。④○（共産党員の意）の候補が選挙期間中ビラを配付することが予想されるので、武蔵民連としても選挙用ビラを作成し、選挙期間中の朝夕に門前でビラを配付する――の４項目をあげている。

これを受けて、インフォーマル組織は新入社員や女子社員については、各人に配置されている職務上の指導員またはインフォーマル組織の役員が引率して、間違いのないように不在者投票させると指示していた。このように不在者投票の押しつけは、地区労働福祉部とインフォーマル組織が一体となって投票干渉を目的として行っているものであり、重大な不当労働行為にあたる。

不在者投票は狭い部屋で行われ、01年までは「めくら（隔壁）」はなく、02年も形式だけで覗けば見える状態で続けられた。投票後の票の保管状態の問題も指摘されており、投票の秘密に不安を感じる状況があった。「不在者投票を断れば、民連の候補以外の者を支持しているのと思われるのではないか」という不安に圧力をかけて、民連候補への投票を求めていたといえる。そうでないと、インフォーマル組織がそこまで労組の役員選挙に介入する必要がないからだ。

インフォール組織が作成した職場政治地図（各労働者の思想、信条や同僚との付き合い状況、最近の動向などのデータを収集）で誰に投票するかが不明なり、疑わしかったと判断された人に対しては、「身のあかし」として不在者投票を求められる。投票するときに選管に見せることを求められたり、青のボールペンで枠の右下に小さな○を記入することを求められた人もいた。開票したときにだれが記入したかが分かる仕掛けだ。

やがて、不在者投票はさらに拡大され、事務所では可能な限り全員が選挙初日の昼休みに不在者投票で投票を済ますように指示された。混雑緩和を予想していくつかの職場では食事前に投票させられた。この場合は「選挙公報」も見ないで、候補者の演説を聞く機会もないまま投票させられている。インフォーマル組織は「間違っても相手候補に○をつけない。支持率100％を達成する」ことを目標にしていた。課単位に担当者を配置し、投票しない人については理由まで報告させるなど万全の体制を取って臨んだ。

01年9月10告示、12日投票の労組大会代議員選挙では、田無工場第1選挙区職場では投票者約40人中、32人が不在者投票を行い、投票日に投票したのは8人のみであった。その他の職場でも似たりよったりであった。02年9月11日に投票が行われた労組大会代議員選挙では、同じく第1選挙区で52人中50人が不在者投票を行い、投票日に投票したのは2人だけだった。

平成13年の選挙対策より3年前の「平成10年労組選挙」(98年)の秘密資料をその後、職場活動家が入手した。東京総務部労働福祉グループ東京第1工場担当(T1)が98年10月13日付で本社人事部に提出したものである(表参照)。同資料では選挙の投票総数、候補者への投票数、投票率など労働組合自らすべての選挙結果を会社に提供している事実が分かった。また、労働福祉グループが同選挙の「分析と対策」として、

①「対立候補を応援」の項では「全体として対立候補の得票は減少傾向にある。今回の選挙の時点でA+B=45名(前回時点では49名)であるが、支部役員選挙、中央委員・大会代議員選挙ともに対立候補を応援している票は概ねこの枠に収まっている」としている。

②「選挙に無関心」の項では「特に船本(船舶事業本部)・環事部(環境事業部)・GT事部(ガスタービン事業部)に多い。投票をしなかった者も大多数は選挙に無関心な層と思われる。これらの層に対して選対の強化により労使関係の重要性を理解してもらうことが必要である」としている。

③「選挙自体への反発」の項では「工場と事務所の両方に見られる。選挙自体を批判する要素としては、

・当選者が投票前から分かっていること

・誰に投票するかをサークルやラインから強制されること(人間の心理として自分の意志で行動したいもの)

労組役選介入

H10.10.13

平成１０年労組選挙について

Ｔ　1

1．総括

(1) 本年は、総改選ということで支部委員・職場委員選挙，支部役員選挙，中央委員選挙，石播定期大会代議委員選挙が実施されたが、職場全体の雰囲気としては、選挙への関心がうすく緊張感に欠けたものとなった。

(2) 職場選対組織は、従来からの取組方針・施策を継承しながら本年度の総改選にむけた活動を展開した。結果として，支部委員・職場委員選挙の投票を全選挙区で実施したことは評価できる。しかし工場に比べ船本・環事部・ＧＴ事部の選対組織は脆弱で、支部役員選挙の投票開始時刻が遅れるなど不手際が目立った。

(3) 中央委員候補は当初ＧＴ事部から擁立する方針であったが、結果として擁立することができずＭＵから出すことになった。共同ビルの中央委員が不在になってしまったことによる環事部・ＧＴ事部の組合員としての意識低下を危惧する。

(4) 選挙結果の中で共通していることは、投票用紙の並び順による得票の差が大きいことである。これは大会代議員選挙で顕著に現れ、投票用紙の先頭になった対立候補がかなり多めの票を得ている。なお前回（Ｈ８年）の執行委員選挙では、民連推薦候補と対立候補に同姓の者がいたためにかなりの混乱が生じたが、今回はそのようなこともなく混乱の少ない選挙であったと言える。

(5) 投票率の向上については、各選挙期間をとおして出張者が多く、課題を残したと言える。不在者投票日数を増やすか、不在者投票日と本投票日を別の週にするなど、工夫の余地があるのではないか。また、フレックス対象部門の投票率が非対象部門に比べ相当低いことからも利用者への対応が不充分であったことを感じている。今後さらに不在者投票への意識を高めるための継続した呼びかけをしていきたい。

2．個別選挙について

(1) 支部委員・職場委員選挙

投票率は９０％を超え（90.3%）まずまずであったと言えるが、船本・環事部・ＧＴ事部の３選挙区で９０％を割ったことは、出張者が多いことを考慮しても選対組織の脆弱さが反映された結果と言える。特に１７１名の組合員を有する環事部が最低の投票率（80.1%）であったため、次回選挙に向けフォローの必要性を感じる。

対立候補の得票は前回の３２から２３まで減少した。また信任投票における不信任票は１１票（支部委員選挙６票、職場委員選挙５票）に、無効票は７票（支部委員選挙4票、職場委員選挙3票）に留まった。

(2) 支部役員選挙

投票率は８７．７％であり、支部委員・職場委員選挙同様、船本・環事部・ＧＴ事部の投票率が低かった。また総投票数８５３票の内、３８５票（45.1%）が不在者投票だった。

対立候補の得票は、書記長選挙では５１票（前回５４票）、執行委員選挙では合計２２１票（前回３３８票）であり、前回民連推薦候補と対立候補が同姓であったことを考慮しても減少傾向にあると言える。

総投票数８５３票の中で模範解答（民連推薦候補全員に投票）以外のすべての票を分析すると以下のようになる。

	委員長選挙	書記長選挙	執行委員選挙	会計監査選挙
①対立	２５	５１	３４	１５
②無関心	０	１４	９８	２７
③反発	２３	３６	２９	３２

①「対立」…対立候補への票、および民連推薦候補への不信任票。対立候補を応援していることが明確な票。

②「無関心」…特にポリシーを感じない票。前（あるいは後）から定数に丸をつけるなど、民連推薦候補と対立候補の両方へ投票しているもの。記入ミスによる無効票。

③「反発」…選挙自体に対する反発を感じる票。白票、全候補に○（または×）、○でも×でもない記号を書いた票など。

(3)中央委員・大会代議員選挙

投票率は８６．３％であった。総投票数は８３９票で、対立候補の得票は、中央委員選挙では６９票（前回は対立候補なし）、大会代議員選挙では１人平均６８票（前回は９１票）であった。総投票数８３９票の中で模範解答（民連推薦候補全員に投票）以外のすべての票を分析すると以下のようになる。

	中央委員選挙	大会代議員選挙
①対立	４１	３４
②無関心	３８	１０６
③反発	１０	９

代議員選挙では②が多く、中でも前から６名に投票した者が多かったため投票用紙の先頭になった対立候補が８６票を獲得している。

３．分析と対策

①対立候補を応援

全体として対立候補の得票は減少傾向にある。今回の選挙の時点でＡ＋Ｂ＝４５名（前回時点では４９名）であるが、支部役員選挙、中央委員・大会代議員選挙ともに対立候補を応援している票は概ねこの枠に収まっている。

②選挙に無関心

特に船本・環事部・ＧＴ事部に多い。投票をしなかった者も大多数は選挙に無関心な層と思われる。これらの層に対しては選対の強化により労使関係の重要性を理解してもらうことが必要である。

③選挙自体への反発

工場と事務所の両方に見られる。選挙自体を批判する要素としては

・当選者が投票前からわかっていること

・誰に投票するかをサークルやラインから強制されること（人間心理としては自分の意志で行動したいもの）

・民連推薦候補の公約が抽象的で具体策がないこと（対立候補は具体的な目標を掲げており、投票こそしないが彼らに同感をおぼえている従業員は多いのではないか）

が考えられる。選挙時点でＣ＋Ｄ＝１７名であるから、この層すべてが反会社的というわけではない。日常から職場の不満を解消し、これらの層がＣやＤにならないよう努めていかなければならない。

４．次年度への課題

(1) 魅力あるサークル活動

上記②および③の層を減少させるにはサークルが魅力ある活動をすることが不可欠である。故に、サークルへの指導を強化し日常の活動の中で職場と密着した組織運営をはかるとともに、各組織との意思疎通をはかる。

(2) 選対の組織的強化

職場の各組織が世代交代をする中で選対を強化するための機会を積極的に持ち、各機関組織（特に船本・環事部・ＧＴ事部）のキーマンのレベルアップをはかる。

以　上

・民連候補の公約が抽象的で具体策がないこと（対立候補は具体的な目標を掲げており、投票こそしないが彼らに同感を覚えている従業員は多いのではないか）

が考えられる。選挙時点でＣ＋Ｄ＝17名であるから、この層すべてが反社会的というわけではない。日常から職場の不満を解消し、これらの層がＣやＤにならないよう努めていかなければならない」としている。

　会社の労組役員選挙対策への力の入れようがよく分かる。このＡ、Ｂ、Ｃ、Ｄというのは、いうまでもなく、ＺＣ管理名簿のランク（Ａ＝共産党員、Ｂ＝

その支持者、C＝問題あり、D＝観察対象者）を指しており、会社の労組役員選挙介入でも大いにZC管理名簿が活用されていたことが明らかになった。

もの言えぬ職場で行きづまる経営

これまで、石播は差別による労務管理でインフォーマル組織を活用しながら労組をコントロールし、思うがままの「合理化」による人減らしと賃金抑制を実施し、利益を確保してきた。しかし、自ら作り出してきた、「もの言えぬ職場」の中で労働者は競争の中で駆り立てられ、保身のためにミス隠しや事故隠しが横行し、士気、モラル、品質、技術の低下が深刻な問題になっていた。これまでのツケが回ってきたというべきか。近年、石播は品質不良による補償・サービス工事費が経営を圧迫するようになってきた。95年には高速増殖炉もんじゅのナトリウム漏れ事故、98年の本四架橋工事での7人死亡の労働災害事故、99年のガスタービン試運転での2人死亡の労働災害事故、99年のH2ロケットの打ち上げ失敗などが発生し、石播の技術的信頼が揺らいだ。さらに、02年12月には石播の成長部門とされている航空宇宙事業本部で、顧客の防衛庁、日本エアシステム、アメリカのゼネラル・エレクトリック（GE）、宇宙開発事業団などの製品で相次いで重大なミスを発生させている。

石播は誤った労務政策が会社そのものの経営基盤をも揺るがす事態になりつつあった。職場活動家の粘り強いたたかいは、まだ誰もが予想できなかったクライマックスへと近づいていくことになる。

なお、今日ではエネルギープラント事業による業績悪化で07年９月28日に８５０億円の業績赤字を公表し、５７０億円の下方修正をせざるを得なくなった。また朝日新聞には「ＩＨＩ虚偽決算の疑い」と報道された。同年12月には東証がＩＨＩ（07年７月から社名変更）を管理ポストに指定した。08年４月18日に決算下方修正で臨時株主総会を開催し、社長が謝罪した。６月19には虚偽決算で16億円の課徴金を求められ、社会的にも厳しい目が向けられている。

第4章　起ち上がった7人の原告

山口健司

弱い者いじめはしない

山口健司は43年6月8日、父・助三郎、母・まつの長男として東京・世田谷区下北沢で生まれた。姉と弟がいた。

明治29年（1896年）生まれの父は7歳で瓦職人の丁稚奉公として働き、尋常小学校も出ていなかった。自分で手習いの本を買ってきては、努力して読み書きを覚えた。父はいつもおっかない存在で、性格は真面目で短気、融通のきかない頑固者であった。酒はまったく飲めなかった。瓦職人として腕前はよく、「関西では俺より腕のいいのがいるが、関東では俺の右にでる奴はいない」とよくいっていた。浅草の浅草寺の急勾配の屋根や東条英機首相邸の屋根を葺いた自慢もしていた。長雨の時は仕事にならず、収入も激減した。

母は父に従っていたが、芯は強く優しかった。子どもに惨めな思いをさせないために大切な嫁入り道具や家財などを工面して生活を支えたり、困っている時もニコニコして、世間から後ろ指をさされないように子どもたちを明るく育ててくれた。生活は決して楽な方ではなかった。子どもたちは仲よく普通の子どもとして育った。

小学校3年の時、クラスの女子生徒がいじめられているのを見て、見て見ぬふりをして助けようとしなかった。戦後、食べるものも不自由している時で、給食はパンと脱脂粉乳のミルクが主な食べ物だった。布のカバンがあればよい方で、着るものもお下がりを着て通学していた。誰もが物不足のくらしを我慢しなければならない時代だった。その女子生徒は身なりが汚れていたので、「臭い、汚い」といわれていじめられていた。先生はそれを見ていて、「山口、お前は級長だ。クラス全員を連れてその子の自宅まで謝りに行きなさい。先生も行く」といわれた。このときから、弱いものをいじめてはならない、と強く感じた。

世話好きだったので友だちも多く、小学校6年生の時には生徒会長をした。中学校でもそこそこの成績だったので、できることなら進学したい思いが強くなっていった。が、家庭の経済的事情で中学校卒業で就職しなければならなかった。当時、中学校は9クラスあり、1学年450人で就職組は100人ぐらいいた。できれば父親と一緒に働きたかったが、瓦職人の将来性も考え、働きながら勉強ができる企業経営の高校をめざすことにした。勉強はしておきたかったのだ。

石川島工業高校入学

当時、企業経営の高校は浅野セメントやブリジストンタイヤ、石川島重工業など6、7校があった。中学校には各企業から募集案内が届いていた。石川島工業高校は入学金も学費もなく、月々の手当てが支給され、教科書や学生服も貸与されると募集要綱に書かれてあり、魅力的だった。就職担当の教諭が石川島を推薦したのが入学するきっかけになった。父親も「石川島という会社は、働く上でも将来性があり、希望がもてる」と賛成してくれた。もし、合格できなかった時は父親のあとを継いで瓦職人になるという約束で受験した。全国から1000人が応募し、わずか80人しか採用されないという難関であったが、見事に合格した。父は「これで将来は安心だ」と諸手を上げて喜んでくれた。

59年4月6日に石川島重工業（株）と石川島工業高校（中央区・豊州＝4年制定時制の昼間工業高校）の入社・入学式に臨んだ。学校は機械科でボール盤、フライス盤、旋盤、研磨などの設備があり、そのほかには電機、鋳造、鍛造などの選択肢もあった。4年間の成績と適性によって配属先が決まる。生徒たち自身で決めることはできなかった。入学した当時の授業時間配分は、週3日実習、3日は学校で勉強（午前8時から午後4時まで）という教育システムになっていた。休暇は年10日。夏休みはない。教育方針は企業の中堅社員として即戦力を備えた社員を育てることにあった。4年の時は生徒会長になった。63年3月に卒業した。その時、生徒会功労賞の表彰を受けた。同期生80人は各事業所（現場）に配属されていった。

山口は希望が一番多かった航空エンジン事業部・田無工場に8人の同級生と一緒に配属された。初月給は確か8000円だったと思う。仏様に供えた。田無工場は当時、航空・宇宙部門として技術の最先端の工場だった。正門を入ると緑豊かな樹木に囲まれた赤レンガ造りの正面事務所があり、静かな中で聞こえるのはプレス加工の音ぐらいという環境であった。工場の現場組織のトップは工場長で、以下、部長、課長、職長、班長、作業者という順になっていた。職場は1班10人ぐらいで編成され、10班あった。配属先は機械工場課・ミーリング（フライス）・吉田鉄蔵班であった。毎日の作業は大変であったが、新しい仕事を覚える楽しさと製品を造り上げ、完成させる喜びで充実していた。前途洋々であった。弁当は一食40円の食券で工場給食を食べていた。

卒業から2年たった頃、山口の優秀な成績を考慮して高校の校長が田無工場を通して「技術専門学校へ進学してはどうか」と推薦してきた。新たに2年間の専門教育を受け、技師への道を開く登竜門だ。が、山口は「考えさせてほしい」といって、結局、断った。「現場で早く仕事を覚えたい」という思いの方が強かった。

フライス工国家試験合格

山口は仕事に対してまじめに取り組んだだけでなく、より早く、より良いものを作る工夫や改善提案を行っている。例えば、作業記録や作業上の品質ポイントを記録したノートを作成した。失敗した時も原因と結果を記入して、同じようなミスをしないようにした。うまくできたときも取り付け、段取り、工具の切削条件等を書いた。そのノートを大切に保管しながら仕事に応用してきた。班長は何でも教えてくれる訳ではない。どんな基準で加工するのか、いわれたことをまとめてノートに書いていった。作業記録のノートは約10㎝ぐらいの厚みになった。仕事もやりがいがあったし、努力を惜しまなかった。結果の蓄積記録であり、宝物のように持っていた。しかし、その後に歩んだ道では、ノートはだれに教えることも使うこともなく、定年まで保存していたものの、「もう活用することもない」と考え、思い切って始末してしまった。

何しろ仕事については一生懸命努力した。「技術は盗んでも覚えろ」という父の教えによる影響が大きかったといえる。67年11月、24歳でフライス工国家試験2級取得。1級の国家試験を受けるには、2級を取得してからさらに5年以上の経験が必要であった。75年10月、2級取得から6年後の30歳のときにフライス工国家試験１級に合格した。日頃の努力の賜物であった。

技能オリンピック予選出場

27歳の春頃、田無工場からフライス工として技能オリンピックの東京大会（予選）出場の話が飛び込んできた。技能オリンピックの成績は当時、世界の中でも日本があらゆる部門で金メダルを獲得しており、飛び抜けて優秀な成績を上げていた。ちなみに石川島工業高校の同級生の中でも鋳造、鍛造、木型などの種目で金メダルを獲得していた。技能オリンピックの機械部門では、大企業よりも中小企業の出身者の人が強かった。フライス部門の予選では先輩は通ったが、山口は残念ながら落選した。が、技能水準の高さを証明するものであった。

当時、フライス盤のメーカーとしては、名の通った牧野フライスがあった。職長から「山口が一番いい」といわれ、倣《なら》いフライス盤をあてがわれた。嬉しかった。航空エンジンの部品加工は小さいものが多かった。加工材料はインコネル材、チタン材など特殊なものが多く、しかもそれらは複雑な形状をしており、高価であった。回転物や燃焼機類など耐熱性にすぐれたものは一様に硬い特殊材であった。これらの硬い材料を削る刃物は、超硬合金のチップや、セラミック材でコーティングされた刃物で加工しなければならなかった。

仕事の中には、ロールスロイス社のディスクの加工やJ79ジェットエンジンの翼面加工用のカム加工など、精密度の高い技術を要する仕事が含まれていた。機械加工では１００分の１㎜の単位で加工するが、山口に与えられた機械はより精度を要する部品加工と複雑な型状の加工が可能な機械であった。例えば髪の毛の厚みが0・08㎜ぐらいであるが、0・05から0・02㎜の精度で仕事ができたということである。

労働者が幸せになる先頭に

根がきまじめな性格のため、労働組合の活動も適当にはできなかった。機械工場課には「はぐくみ会」を支持する労働者が多数いた。山口が各職場へ現場実習に行った時、東京第2工場（造船部門）や第3工場の歯車関係などの実習先では、先輩が仕事全般や技術、職場のこと、社会問題や労働運動、遊びまで何でも教えてくれた。給料の話についても先輩は「なぜ、一生懸命働いてもくらしはよくならないのか。それは根底に資本家による搾取があるからだ。搾取って分かるか？　社会の仕組みは分かるか？」と仕事の合い間をみては話しかけてきた。

田無工場に配属された後、先輩から「『学習の友』を読まないか」と勧められた。また、別の先輩の勧めで「日本近代史」の学習会に参加するようになった。学習会では自由民権運動に心がひかれ、秩父困民党のたたかいや明治維新の新しい時代を切り拓く情熱と行動力に深い感動を覚えた。歴史の陽のあたる部分とあたらない部分に興味を持った。学んだのは歴史を動かしているのは働く人たちや農民であることが理解できたことだ。ある事件が何年に起きたとか、歴史の立役者のことよりも、その時代を生きた名もなき人の生き方を学んだ。損得を抜きにした考え方や生き方に共感した。自分を差別する人を恨んだり、どうしてもやっつけておきたい人がいたが、次第にその考え方は変わっていった。

学習する中で〝目から鱗が落ちる〟ように世の中の様子が分かるようになっていった。サークル学習や読書会に参加する中で職場活動家集団である「はぐくみ会」に入会した。65年秋には「はぐくみ会」

の推薦を受けて労組の役員選挙に立候補し、労組活動に参加するようになった。「はぐくみ会」の活動を通して、これからのあるべき展望を語り合う中で、山口は23歳で日本共産党に入党した。

機械工場課では、「はぐくみ会」（共産党系）、「社会党」（社会党系）、「統一会議」（民社党系）の3会派があり、特に「はぐくみ会」と「統一会議」は要求実現と組合民主主義では鋭く対立していた。当時の活動としては、65年の交替制勤務導入のたたかいがあった。職場代議員（現支部委員）選挙では山口に続き、「はぐくみ会」推薦候補2人も当選し、定数3人の職場代議員を「はぐくみ会」で一時独占した。なかでも山口の3年連続当選は会社を驚かせた。

信頼される労働者の影響恐れる

田無工場は設立当初から、工場長が「絶対にアカは作らせない」と公言してはばからなかったにもかかわらず、部品加工の中心職場が「はぐくみ会」の職場代議員3人に独占されてしまったため、会社側はかなりの危機意識を深めていた。職場では信頼のおける山口の人間性と能力を認めており、会社はその影響力を恐れていた。

「はぐくみ会」に属する人たちに対して、さまざまな嫌がらせや差別が始まった。69年頃から山口に対する会社の対応があからさまに変化した。サークル活動として野球部に所属していたが、勤労課所属の水野野球部監督に「お前は組合運動をとるのか野球部をとるのか、どちらか一つにしろ」と迫られたことがあった。筋の通らない話であったが、「はぐくみ会」の支部代議員として活動しており、組合活動をやめる訳にはいかないので、「両方ともやりたい」と答えた。すると、「どちらかにしろ」と強く迫られ、仕方なしに野球部をやめることにした。スポーツの好きな山口は陸上競技部に入ったが、練習のときには他の部員は一緒に集団で走っているのに、一人だけ別に走らされた。当然、面白くないので、おのずと練習をしなくなってやめた。

職場での変化は仕事を教えてもらえなくなったことだ。同僚も教えてくれない。上層部から指示が出ているのだろう。逆に、担当していた作業内容を同僚に教えていると、班長が来て「お前が教える必要はない」と口を出してきた。職場では教えあったり、高めあうという関係もなくなってしまった。会社にすれば、金をかけて育ててきたにもかかわらず、裏切られたという思いがあった。挨拶しても対応が悪く、同僚と話しをしていると、上司が相手の人に「何を話していたのか」と尋ねるなど、挨拶するのも話しかけるのも何かと難しくなっていった。それでも、最初はその程度であった。

こたえた「懲戒解雇条件つき」処分

68年の昼休みに食堂で代議員として職場委員会を開いたが、「無届け集会だ」として初めて訓戒処分を受けた。労組幹部は「はぐくみ会」に関する問題のため、係わりたくないので「届け出については知らない」と無視した。社会党系や民社党系の「統一会議」も職場委員会等を開いていたが何の問題にもならなかった。このため、職場集会や全体集会で「大幅賃上げを実現すべきだ」などの意見をいうと、労組幹部が「組合費を払っているからといって、組合員と思うな」「会社に批判的ならやめろ」といい出す始末であった。69年には無届けのアンケート調査を就業時間中に配付したとして「出勤停止3日」の処分を受けた。山口は就業チャイムがなってから配付したと主張したが、何人かの労働者が「就業時間内だった」と主張したために処分となった。

70年3月、会社による3交替制の提案に対し、「はぐくみ会」は反対した。会社は3交替制の実施段階で、「はぐくみ会」の反対意見を批判するビラを配付した。そのビラの掲載内容に対して「職場をつんぼさじきにしている」という趣旨のビラを山口ら職場活動家5人が門前で配付したところ、会社は「中傷誹謗した」として5人に3日、5日、6日という出勤停止処分にした。とくに山口には出勤停止6日間と「懲戒解雇条件つき」という就業規則にもない処分をいい渡した。組合活動の一環にもかかわらず、会社は「事実と異なることを書いて誹謗した」との理由だった。

処分を招いたのは自分たちの力量や労働者の反応、会社の対応など力関係を総合的に判断しないで取り組んだ反対運動の未熟さの表われでもあった。職場活動家の間では処分に対して提訴してでも徹底的にたたかうという議論もなく、「ここで会社と争っても仕方ない」という不十分な対応で終わったことが悔やまれた。結果、会社の攻撃の厳しさを身体で学ぶことになった。以後、山口は常に「懲戒解雇条件つき」という重荷を背負って活動しなければならなくなった。会社は山口をつぶすことで「はぐくみ会」から切り離すとともに、「はぐくみ会」への労働者の支持を押さえ込んでしまうねらいがあった。

「懲戒解雇条件つき」という処分は会社としても初めてであった。勤労課にいうと「本社の意向であり、そのまま定年まで変更しない」という趣旨の説明を繰り返された。山口にとってはショックが大きく、精神的にこたえた。このまま組合運動を続けていくかどうかが問われたが、「やり返さないとやられてしまう」「懲戒解雇というときには、徹底してたたかうしかない」ということになり、これまで以上に活動を続けていくことにした。

が、内心は「何かあったら解雇されるんじゃないか」という不安な気持ちは払拭しきれず、これは定年までついて回った。実に不安定な精神状態を強いられることになった。いわば、いつでもクビにされるという「死刑宣告」を受けたのも同然であった。

会社は山口に対してその後も懲戒処分を続けて発令してきたが、これらの攻撃と合わせて、山口への差別や見せしめ、監視活動が強まっていった。職場では班の親睦旅行会が突然中止になったが、山口を除いて予定通り実施されていたことが分かった。また、職場関係の行事や冠婚葬祭の連絡もされず、新入社員や定年退職者、人事異動による歓送迎会からも排除されるようになった。正直、かなり精神的にまいり、家庭でもいらつくことが多かった。

長期療養者よりも低い査定

山口は、毎年5月に行われる昇給・昇格の評価は最低であった。単年度の評価が昇格に値いしなければ同一ランクにいつまでも留められてしまう。滞留年数の限度規定がないからである。長期間療養で休職した人よりも低く査定されたこともあった。76年度に辞令が出された時、すぐに査定内容について職長（第一次査定者）に「技能と技術など査定が正しく評価されていない。新入社員並みでは納得できないのは当たり前だ」と問い詰めた。職長は山口に、「フライス工1級国家試験に合格したからといって、直接昇給・昇格とは関係ない。それは自己満足にすぎない」と、まともに答えようとせず、「帽子が曲がっていた」とか「残業時間が少ない」「能率が悪い」「休暇を取りすぎるし、改善提案件数が少なすぎる」「おまけに協調性が悪い」とつけ加えた。

山口は「残業時間が少ないのは、残業をさせなかったためではないか。欠勤は一度もしたことはない。能率が悪いというが職長自身、航空・宇宙の製品は命にかかわることだ。前工程からの製品の確認チェックシートにもとづいて正しく行うよう指導しているではないか。時間がかかるのは当然だ」と反論した。

山口は機械工場課から70年に精機密工場課に異動、77年には歯車工場課へ異動させられた。さらに80年には工作センター（後の宇宙開発課）に異動することになった。これらの配転は、山口と他の労働者とのつながりを断ち切るために行われた。異動先の職場では、「山口と目をあわせるな」「口をきくな」「挨拶をするな」「得意な仕事は周りが覚えて取り上げろ」という指示が出され、仲間外れ、仕事外し、が行われた。加工用の工具を貸して貰えないので、工具室へ借りにいくと、行った先から「山口が来ているが、何しに来させているのか」と山口の班長への問い合わせ電話をしていた。急いでいる時でも自分で工具を準備させるなど、仕事上の嫌がらせは徹底して行われた。

ゴザを持って立ちん棒

75年頃からは、会社行事の桜まつり、納涼祭、暮れの仕事納めなど、いっさい排除された。職場対抗ソフトボール大会やバレーボール大会などからも排除された。人事異動に伴う歓送迎会や親睦行事などは、職場のインフォーマル組織である「コスモス会」が行うため、非会員にされている山口にはいっさい連絡はなかった。事前に分かった場合でも「みんなが山口さんを嫌がっているんだ」と参加を拒否した。会費を払おうとしても受け取ってもらえなかった。

毎年、行われる桜まつりや納涼祭は会社行事なので日時は公表され、全員参加するように朝のミーティングで班長から伝えられる。桜まつりのとき、朝のミーティングで山口は「参加します」と答え、課長にも昼休みに「参加します」と伝えていた。その上で「差別や嫌がらせはしないでほしい」とつけ加えた。上司は「そんな嫌な思いまでして、なぜ、参加するんですか。山口君は仲のよい友だちと一緒にやればいいんじゃないですか」といった。職場活動家は勤労課に事前に「会社行事に活動家の排除、差別は行わないよう是正を求めた要請書」を提出しているが、勤労課は山口には「そんな事実はない」と相手にしなかった。

終業のチャイムが鳴り、やがて桜まつりの時間がきた。「参加します」といった以上、腹をくくってグラウンドに向かった。指定された職場には桟敷が設置され、机の上には飲み物や食物がところ狭しと並べられていた。山口は緊張した面持ちで「みなさんと同じ桟敷で楽しく交流したいので、一緒に入れてください」と挨拶した。が、誰もが知らん顔で「ここに座れ」という掛け声一つなかった。気まずい思いをしていた同僚もいたが、声をかけるのは仲間外れにされることを覚悟しなければならない。座る席がなく、自分で用意したゴザを持って20分ほど立っていたが、怒りとむなしさが混った気持ちで軽く会釈して宴席をあとにした。当然の権利を行使しても惨めな思いだけが残った。

7000人「合理化」と退職強要

86年11月10日からの7000人「合理化」が始まった。35歳以上54歳までの早期転職援助制度と55歳以上の希望退職という名の退職強要を実施してきた。労働組合は直ちに了承して会社の退職強要から労働者を守る責任を放棄してしまった。労働者はまったく無防備のまま会社の攻撃にさらされた。特に共産党員ら職場活動家の排除を狙っていた。社員3人に1人という大幅な人員削減計画であった。
活動家たちは「7000人を目標に希望退職の面談が行われている。はっきり辞めないといおう」「この首切り『合理化』は造船不況を利用するものだ」「田無工場は東京地区や他地区からの配転者の受け入れ側だというが、会社はそんなに甘くない。労組も『合理化』を了承している」「これをきっかけに活動家の排除をねらっているのは明らかだ」と大筋で会社の意図を明らかにし、一切退職に応じないことを確認した。

職場の中は落ち着きがなく、ざわついていた。就業時間中に職長が労働者を一人ずつ呼び出してはどこかへ連れ出していた。山口は作業に身が入らなかった。仲間からどんな面談が行われたかを聞いていたからである。しかし、山口はすでに「懲戒解雇条件つき」のお墨付きを会社から突きつけられていたので、きっぱりと断れるか内心心配だった。下手な対応をすると首切りの口実を与えかねないからだ。

職長はやはりやってきた。「山口さん、勤労が呼んでいます。私も一緒に行きます」という。工場の外に出て緑の広場の前を通り、正門を出て生協の2階の一室に案内された。山口は今までも懲戒処分を何回も受けてきたが、いつだって突然の呼び出しは不安で嫌な思いであった。今回も心の準備はしているつもりだったが、平常心を装うのに「懲戒解雇条件つき」というのが心の奥深く引っかかっていた。勤労課から呼び出される度に、この言葉が大きな心の負担になっていた。そして、一歩退けば会社は確実に攻撃をしかけてくる。たたかってこそ、道を開くしかないといい聞かせた。

部屋に入ると、すでに正面に勤労課長が、脇には勤労課員と現場の上司の合わせて5人が座っていた。部屋の中央に机が一つ向かい合って置かれてあった。

勤労課長　「山口さん、その席にお座り下さい」
慇懃な言葉だった。そして穏やかに話だした。
課長　「なぜ、お呼びしたか分かりますか。40歳以上の方全員に会社の事情を説明し、理解をしてもらっています。山口さんにも会社の事情を聞いていただき、ご理解を得たいということでお呼びしました」
山口　「……」
課長　「今回の造船不況…緊急対策…希望退職…。大変厳しいことがご理解いただけたでしょうか」
山口　「……」
職長　「組合のことではべらべらしゃべるくせに、何もいえないのですか」
山口　「話は聞きました」
課長　「では、話は理解していただけたのですね。どうですか」
山口　「辞めません」
勤労　「分かったのか、どうなんだと聞いているんだ」
いきなり、勤労課員がバーンと激しく机をたたいて威嚇した。
山口　「辞めません。もう呼び出しは止めてください」
山口はあとは何をいわれても同じ言葉を繰り返した。第1回目の面談は、このようにして20分ぐらいの押し問答で終わった。帰りがけ、勤労課長は「理解してもらうまで、何回も続けます」「残っても、君にとってよいことはないが、それでもいいのですか。今まで以上に会社に協力してもらうから」といった。

こうした中で、前述したように瑞穂工場の小川末次に対する集団吊るし上げ事件が12月に起きた。

7000人「合理化」で5人も自殺

この間、山口ら活動家は工場門前で出勤妨害を受けている。インフォーマルや上司、労組員らから「日共粉砕。帰れ、帰れ」とシュプレヒコールを浴びせられ、山口は通勤用の自転車ごと工場の金網に押しつけられて、蹴とばされたりした。集団による悪罵や罵声、暴力は約15分にわたって耐えなければならなかった。職場で課長に「出勤妨害されました。上司として守ってください」と訴えた。課長は「もっと早く出勤すればいい」といったので、次の朝、1時間以上前に出勤したら、1時間以上も吊るし上げをくった。計られたのだ。

職場活動家は「追い出されてたまるか。退職強要をはね返す12章」を持って労働者宅を訪問した。労働者宅を訪問していることが会社に分かって、職長が「山口、お前はNさん宅に辞めないで頑張ろうなんていったそうだな。奥さんから迷惑だといわれている。どう責任を取ってくれるんだ。責任を取れ」と追及してきた。

労働者の中には「労働組合に相談に行ったが『今が潮時だ。この先、よいことはないから辞めた方がいい』と逆に説得された」といっていた。工具管理のMさんは、就業時間中に別の仕事を探すように命じられ、職場に帰ってくると自分の机がなくなっていた。やむなく、退職せざるを得ず、その後タクシー運転手になったが、慣れない仕事で身体を壊し、埼玉・飯能の山の中で自殺した。7000人「合理化」首切りによる退職強要で5人の命が奪われた。〝残るも地獄、去るも地獄〟であった。自宅（団地）の玄関ポストに腐ったイワシのはらわたを投げ込まれた労働者もいた。Yさんは退職強要の激しさに耐えきれず、「残りたければ一筆を書け」といわれて「今後、会社のいうことには何でも従います」という「誓約書」を書かされたという。

山口の面談は12月25日の希望退職締め切り日に6回目の面談をもって終了した。

まんじゅうジャンプの怪

新しい年を迎えた87年には、差別と嫌がらせはエスカレートしていった。出勤すると山口の安全靴がゴミ箱に捨てられていたり、作業服が捨てられていた。インフォーマルの嫌がらせのビラがロッカーに貼ってあった。山口は上司の班長や職長、課長、そして勤労課員に事実を確認させた上で、「二度とこのようなことはさせるべきでない」と強く抗議した。

山口は87年以後、そのときの心境をメモ用紙に思い

つくままに書いた。その一例である。

可哀相なことをしたもんだ
工場の中に　オハグロトンボが飛んできた
手を休めていると　同じところを　行ったり　来たりしている
なかなか出ようとはしない　今度こっちへ来たら捕まえて
夏の青空の下へ逃がしてやろうと思って　帽子を脱いで
捕まえた　オハグロトンボ
外で　そっと　帽子を広げて「さあ　もう大丈夫　飛んで行け」と
トンボは羽を少し広げただけで　下に落ちた
捕まえどころが悪かったのか　落ちたまま動けない
日陰の草の上に　そっと置いてあげたが　余計なことをしたもんだ
工場から出られなくても
そのままの方が　良かったのかなぁ

職場の同僚が旅先から買ってきたおみやげは、班員全員に配っている。しかし、山口だけには配られなかった。これを職場活動家たちは〝まんじゅうジャンプ〟と呼んでいた。逆に、山口が旅先で買ってきたおみやげは、そのまま突き返された。通常、おみやげは職場の若い人に配ってもらうように頼んでいたが、誰も配ってくれないので山口が配った。しかし、職場の各人の棚の上にいつまでもおみやげは置かれたままで、「ご馳走さま」とあいさつする人は誰もいなかった。まして、楽しかった旅行の話で花が咲くことは決してなかった。空しかった気持ちだけが残った。

会社にいる時間は気持ちの休まるときはなかった。山口がフライス工1級国家資格を持っていることも知らない新入社員が「山口さんは仕事もろくにでけへんくせに、何いうてんねん」という口のききかたをしてきたこともあった。勤労課の教育の影響でもあった。

「私はなんて不幸なんでしょう」

86年以降、残業はやらせてもらえなかった。開発工場課に配属された頃からは残業の指示もなければ、申請しても駄目だった。仕事が片づかないから切りのよいところまで残業をやりたいと申し出ても、直属の上司は受けつけなかった。急ぎの作業であっても、山口に仕事内容を説明させて帰宅させるため、残った仕事は他の労働者がやったり、翌日回しにせざるを得ないものもあった。

90年ころから現場の作業者全員が年間目標を決めて、目標の達成度による評価方式が実施されることになった。山口は努力して100%を越えた。が、職長は「自ら掲げた年間目標そのものが低いので、あなたの経験と実力からすれば、100%達成して当然だ」といって、まともな昇給・昇格の査定をしようとしなかった。すでに、石川島工業高校の同期生の中には職長や課長になっているのもいた。山口の上司の職長は石川島工業高校の一期後輩であり、その次にきた上司の職長は5期後輩であった。すでに、同期とは年収で200万円以上の賃金格差が生じていた。

労働協約では、誰でも32～33歳になると上級技能職（副技能長）になれる資格だが、山口は副技能長に昇格したのは18年遅れの50歳を過ぎてからであった。会社組織には職長会、班長会、そして副技能長会があったが、山口が昇格するに当たって、副技能長会は解散となった。わざわざ山口の参加を排除する手段までとっていた。

家計は苦しかった。妻、昭子は医療生協さいたまの職員として所沢診療所で事務の仕事に就いていた。年末休みもお正月も職員同士の交代で仕事をこなしていた。月末請求のカルテ整理やレセプト請求などでは、まず仕事を優先していた。

昭子とは「学習の友」主催の大企業の職場交流会で会った。川崎市の東芝トランジスター工場に勤務していた。互いに職場の状況の話をしたりする中で付き合い始めた。結婚を機に東芝をやめ、埼玉・所沢市内の民主診療所に就職した。家庭では舅《しゅうと》、姑《しゅうとめ》や弟（8年前に51歳でがんで死亡）もいた。69年に長男が生まれ、72年には長女が生まれた。家庭では互いに半々でやってきた。

妻の職場では夫の状況を話しても理解する人は少なかった。山口に何か問題があるから差別されていると思っているらしかった。同僚の中には自分の夫の出世をこれみよがしにいう者もいた。昭子は「あの頃、私は身体の調子もよくなく、顔色もすぐれなかったと思う。子どもも話をしないし、家庭の団欒はありませんでした」といった。

ある時、「生活が苦しい。お金にならないことばかりやって、毎日、遅く帰ってくる。まったく、お金が入ってこない。せめて残業でもしたら」と生活の苦しさを訴えたことがあった。それを山口がメモしていた。

あなたの手取りは18万円
私は何て不幸なんでしょう
パートじゃないんです
朝から晩まで家事と仕事でクタクタです
その上　あなたは18万円しか取ってこない
この年でこんなに少ないなんて
私は何と不幸な生まれなんでしょう
ねぇ　そうでしょう
ねぇ

妻はその後、医療生協さいたまで定年まで勤務した。

デッチあげの〝楽しい〟証拠写真

96年になってからのことであるが、８月の納涼祭にはこれまでとは違って参加を拒否してこなかった。今度は手のひらを返したかのように職制らが山口の周りにきて入れ替わり立ち替わりビールを注ぎ、話しかけてきたことがあっ

た。その様子を他課の職制である島田班長がカメラを持ち出して撮影していた。翌年、春の桜まつりが行われるにあたって山口が田無労働部に是正を申し入れに行った際、応対した勤労の次席が納涼祭の写真を見せて、「山口さん、楽しそうに参加しているではないですか。写真を見ましたよ」と答えた。写真は会社側に必要な幾つかの部・課に焼き増しして渡されていた。「決して差別などしていない」というデッチあげの証拠写真として職制を動員していたことが明らかになった。

品質委員会で吊るし上げ

職場ではフライス作業をまったく経験したこともない労働者を班長にする人事を発令していた。その班長が山口に「自分はミーリング（フライス加工のこと）は、まったくやったことはなく分からない」といっておきながら、「何故、(山口は)私のいった通りに仕事をやらないのか。やれっ、命令だ」と怒鳴った。「自分でやったら」と山口がいい返えすと、「俺のいうことを聞けないのか」といって、地面に白いチョークで丸い円を描き、「そこに立って、黙って見ていろ」と一人で激昂していた。まるで小学生扱いだ。

ある時、山口はミスをした。複雑な上に精度も要求された製品で、慎重に指導表に従って加工箇所をチェックしてインプットした後に加工した。しかし、加工終了後に自らチェックして愕然となってしまったが遅かった。足から腰から力が抜けてしまう感じだった。

品質委員会が開かれた。山口が最初にミスをした状況を説明するようにいわれた。オーバーヘッドに山口のミスの写真と図面、本人から原因と対策が書かれた提出文書が映し出された。説明を始めた途端、荒谷職長が「ここは弁解する場じゃない。謝れ」といった。山口はこの言葉に冷静さを失ってしまった。

品質委員会が見せしめの場であることは分かっていたが、やはり動揺していた。まるで犯罪者に対する取り調べのように、矢継ぎ早に追及、批判をしてきた。

フライス加工はもちろんのこと、機械加工そのものを知らない他の職場の人間が全員発言を命じられて、山口の責任だけを追及していた。お門違いで、とんちんかんな批判も多かった。これでは何をいっても仕方がないと思い、聞いているふりをしているしかなかった。

機械加工は、いったん削ってしまうと修正はきかないものだ。作業者は自分のミスをどうにかして隠そうとしてしまう。品質委員会のやり方を知っているからだ。再発防止よりも嫌がらせによる見せしめは、結果として職場の人間関係、信頼関係が壊され、各自が品質向上の努力を考えながらも互いに教え合うことができない状況を生みだしていった。石播の職場ではもの作りの原点が崩壊してしまっていた。

何故か、辞めたいとは思わなかった

山口はいう。

「会社はとにかく、理由があろうがなかろうが、嫌がらせをして本人自ら退職していくように仕向けていきさえすればよかったでしょう。最初は懲戒処分を連発した。次は職場から一切の人間関係を断絶させて、〝村八分〟以上の差別と人権侵害を行ってきた。これが天下にいう軍需大企業・石川島播磨重工業の社内で公然と行われてきた事実です。世間一般では『まさか、そこまで』というか、『今どき、こんなこと誰も信じないよ』という人が多いのではないでしょうか」

しかし、山口は不思議と会社を辞めたいとは思わなかった。攻撃され、痛めつけられれば、「なぜなんだ」

と考えた。こんな差別は長くは続けられるはずがない。仲間がいるし、「山宣（山本宣治）死すとも自由は死さず。ただ一人、孤塁を守る。私の後ろには大衆がついているから」という言葉を噛みしめていた。「よくわからなかったが、必ず勝たねばならないという確信みたいなものがあった」という。「瓦職人の父親の仕事を子ども時代から見ていたので、貧乏ではあったががまん強いところがあった」というが、自分自身の生き方を否定されることへの義憤があるように思えた。

山口自身、会社でのできごとは一切、家庭では話をしなかった。妻を信用しなかったのではない。退職強要のときは、うなされて夜中に起こされた。心も体もメチャクチャだった。妻も新しい民主医療機関の職場で疲れていたので、これ以上、迷惑をかけたくなかったという思いからだった。話をしてもどうなるのでもない。持って行き場がなく、いらいらし、酒を飲んだりしてすさんでいた時期があった。娘は「そういうお父さんは大嫌いだ」と寄りつかなかった時もあった。その娘は和解勝利後に手紙をくれた。妻の口添えがあったのかも知れない。

和解勝利の集会では、二人の子どもや孫も含めて家族ぐるみで参加して喜んでくれた。子どもも今は理解してくれていると思っている。

39年間勤めた田無工場を後にして

山口は03年6月末に定年退職した。再雇用で会社が紹介してきたのは、遠方の造船関係の協力会社で、しかも単身赴任なのであきらめた。定年退職の日は朝礼で数分挨拶した。「差別をなくす職場にすべきだ」ということだけははっきり述べた。昼に勤労課が主催した会食に出席し、この日退職した数人が工場にいた人たちの見送りを受けて正門から会社差し回しのタクシーに乗り、田無工場を後にした。石高に入学して石播で勤めてから44年、田無工場に赴任してからでも39年間勤めたことになる。

石高の同窓会は毎年都内で開かれ、全体が集まったあとは同期ごとに懇親することになっていた。山口は32期で同期生の間では「『はぐくみ会』であろうが共産党であろうが、関係ない」という対応をしており、何の差別もなく参加することができた。人権回復裁判で勝利した直後の04年6月に開いた新橋演舞場では締めの挨拶をさせられた。共産党員であることを百も承知の諸先輩の前で「差別は会社の発展のためにならない」と語った。

翌05年の石高の同窓会の時のことだった。01年か02年の頃だったが、山口が人権裁判勝利のために支援要請のオルグで東北支社へ行った際、応対した石高の後輩だった部長が名刺一枚渡さなかったことがあった。その時の元部長が山口に「あの時は失礼しました。申し訳ありませんでした」と陳謝してきた。山口にとっては石高だけは別という思いと、差別した人間も本当はしたくなかったという思いを持っていたことが分かり、救われたような気持ちになったという。

小野益弘

自分自身に合う仕事を求めて

小野益弘は1945年12月2日に父、竹市と母、は津江の3人兄妹の次男として茨城県筑波郡谷井田村（現つくば未来市）で生まれた。家族は他に曾祖母と祖母がいて4代7人家族の中で育った。

北相馬郡藤代町立山王中学校を60年に卒業した。経済的事情で高校進学を断念し、親や担任の勧めで日立製作所が運営する日立工業専修学校機械科（日専校）に入学した。学校には電気科、化学科、溶接科などがあった。1年の3学期から日立電線で実習が始まった。2年生は設備課で、3年生は伸銅課だった。機械操作はできないので補助作業をしながら操作や調整の仕方を見て学んだ。ほぼ毎月、工場幹部（部課長）の講話があった。

多くは勤労課の話であった。話の内容はいつも戦後復興に苦労したことと日本共産党や日本民主青年同盟（民青）に関するものであった。企業意識と反共意識を植えつけるためだった。興味がなかったので眠気を我慢するのがつらかったのを覚えている。設備課での実習が一番面白かったのでそこを希望したものの、伸銅課に配属されることになり1年間勤務した。

嫌ではなかったが自分の進路は自分で決めようと思い、本田技研工業埼玉製作所に応募し、臨時工だが採用されたので日立電線を辞めた。本田には寮がないため、アパートを探した。初めての経験だったが、やってみればこんなものかという感じだった。バイクのドリーム号やコンドル号の組み立て作業に従事した。

2カ月たつと正社員への試験を受けることができた。試験は簡単な計算問題と家族について作文を書けということだった。子どもの頃、親からよく聞かされた苦労話などを正直に書いた。計算問題は簡単すぎたし、来月からは正社員だと浮き浮きしていたが正社員にはなれなかった。どうしてだろうと考えていると、臨時工を3年続けているという先輩から「試験は何回でも受けさせるけど、1回落ちた人は絶対に正社員にはなれない。そんな人は何人も見ている。よく考えろよ」とアドバイスされた。「では、合否の基準はどうなっているのか。この疑問はわからなかった」「世の中こんなものか、うまくいかないものだな。会社とは何だろう」とは思ったが、なぜか悲観的にはならなかった。「それならここにいても仕方がない」と本田を辞めて、千葉県松戸市のプラスチック成型の会社で働いた。

田無工場に入社

ある日、新聞で石川島播磨重工業（株）の従業員募集広告を見た。簡単な身体検査と面接があった。面接では「支持する政党はどこか」と問われたので、「自由民主党だ」と答えた。すると、「その理由はなぜか」と重ねて質問があったので、「名前がよい」と答えたら、あとは何の質問もなく面接が終わった。希望は航空エンジン事業部とした

後日、航空エンジン事業部の田無工場から「1月17日が入社式なので来社するように」との連絡があった。小野の石播田無工場での生活が始まった。22歳と1カ月の時だった。同時入社は17人だった。しばらく、

入社のオリエンテーションが続いた。ジェットエンジンについての説明もあったが、会社が一番力を入れていたのは労働組合の現状についてと日本共産党についての話だった。どこの大企業も同じだった。「日本共産党員は非常に親切に面倒見てくれるし、そして日本共産党に引き入れようとするが、納得できないが拒否できなかったら、上司や私たち（勤労課員）に相談してください」と、くどいほど強調していた。

配属先になった設備課は、旋盤、フライス盤、中グリ盤などの工作機械の受け入れ検査、修理・保全業務のほかにも電力、蒸気、圧縮エア、上水の供給、そして汚水処理まで幅広い仕事を担当していた。小野は主として工作機械の修理・保全関係を担当する機械修理班の所属となった。キサゲやヤスリ作業を「試験」されたが、上司や先輩から「なかなか決まっている」とほめられた。

労組活動と支部委員選挙

職場に日本社会党の人がいて、小野もその人に協力して門前でビラを配付した。そばに日本共産党の人もいて話をするようになった。その日本共産党員の人から、日本民主青年同盟を紹介された。「民青の人が他に2人いる。小野君が入ってくれると班を作れる」と加盟申し込み書を渡された。以前いた会社で民青や労組活動についてある程度知っていたので、何日かあとに申し込み書を書いた。

他の2人の同盟員との顔合わせの時、1人は同じ職場の人だったのでびっくりした。その後、次つぎと加入者があり、サークル活動や青年婦人協議会活動が活発になっていった。「赤旗」日曜版や「赤旗」本紙（日刊紙）を勧められ、読むようになった。読むと会社が労働者の諸権利をないがしろにしているため、たたかっている記事がいくつも載っていることに気がついた。会社と労働組合のことや社会の矛盾が少しずつ理解できるようになってきた。共産党に入党を勧められ、2年以上のらりくらりしていたが、69年の総選挙前に入党を決意した。この選挙で日本共産党は大きく前進した。

活動を続けていると、ある先輩から「目立つことはしない方がよい。会社から睨まれる。俺は入社試験の面接の時、『社会党に興味がある』と答えたら、『それはどうしてか』、『いつごろからか』などとしつこく聞かれた」という。小野は「どうして」と聞くと、先輩は「会社は民青や青婦協は共産党がやっていると見ている。あんなことやっていると、共産党員と見られてブラックリストに載せられる。そしたらこの石川島では終わりだ」と繰り返し忠告された。

小野は、先輩党員から「会社寄りになってしまった組合の代議員会で労働者の要求をぶつける人がいなくなるとだめだ」といわれ、労組が一本化した年の職場代議員選挙（後に支部委員に改称）に立候補して当選した。この先輩は職場の問題や労働条件向上などについて、職場活動家集団の「はぐくみ会」に所属していた。その活動方針には共鳴するところがあり、ビラ配付など見ていると断り切れなかった。また、かつての日立や本田での体験や石播での右よりの人たちの主張などを見聞きする中で、「労働組合が会社のいいなりになっていてはだめだな」と考えていた。

仕組まれた労組役員選挙

小野は72年の代議員選挙にも立候補した。対立候補は同じ機械修理班の先輩のKだった。立候補の演説も投票もいつも食堂で行われた。結果は倍の差で小野が当選した。ところが、みんなが問題なく投票し、開票も済み、結果が出ているにもかかわらず、Tが「投票用紙がおかしい」とクレームをつけてきた。

小野は「何がおかしいのか」と聞いても、Tは「俺にはおかしく見える」と繰り返すだけであった。そのうち、何人かがTに同調して「おかしいなぁ」といいだした。小野はこんなクレームには納得できなかったが、「選挙をやり直してもまた当選できるだろう。そうなれば誰も文句はいわないだろう」と思い、選挙のやり直しに同意した。しかし、翌日のやり直し選挙の結果、小野の得票は自分自身の1票だけしかなかった。

甘かった。はめられた。小野はやり直しに同意したことを後悔したがどうしようもなかった。こうなったのは、会社のいいなりになる労働者で支部委員会を独占するのが目的であった。会社が労働組合の選挙に介入したことは明らかであった。

翌73年の支部委員選挙でも当選できるとは考えられないし、二度と仕組まれた選挙には出たくなかった。が、昨年のことを冷静に考えてみると、「小野は立候補もできなくなった」とみんなに思われてるのは嫌だったし、「立候補しなければ会社が喜ぶだけだ。やはり、労働者の立場に立つ人間として出るべきだ」と自分にいい聞かせて立候補することにした。そして労働組合のあるべき姿を訴えた。

しかし、結果は無残であった。またしても1票だった。正直、労働者を信頼しようとする気持ちも失われそうになった。同僚たちの態度は冷たくなっていった。その後も結婚旅行で立候補できなかった78年を除き、毎年立候補した。得票が2票となったことがあったが、それは例外でしかなかった。

支部委員選挙には、その後も立候補した。当選する見込みはゼロであったが、会社とインフォーマル組織、労組幹部は小野孤立化の手を緩めることはしなかった。小野の選挙運動を制限するために、ビラを郵送することも禁止され、演説時間も制限された。しかも職制が「小野は（インフォーマル組織の『明設会』）会員じゃないのだから、会員に電話をかけるな」と直接、圧力をかけてきた。小野が演説をはじめると、みんなは席を立ってしまう始末だった。「こんなことまでして、会社やインフォーマル組織が認めた候補者に投票させるのは全体主義そのものではないか」と危惧の念を感じた。

会社、職場行事からの排除

入社してから数年の間は、親睦会の職場旅行や忘年会、ボーリング大会、キャンプ、スキーなどの行事に参加していた。また草野球チームに入ってみんなと楽しくつき合っていた。親睦会では年1回の旅行のために職場で会費を積み立てていた。しかし、74年には「旅行が中止になった」といって、小野に積立金を返金してきた。説明を聞いても要領を得なかった。何日かあとに同僚らが楽しそうに話をしながら写真を見ていた。それは親睦会として中止になったはずの旅行の写真であった。事情がわからないので親しかった同僚に聞くと、「それは、おかしい。俺が聞いてくる」といってくれた。しかし、それから何もいってこないので、待ちきれず尋ねてみると、「小野さん、胸に手を当てて考えてみろよ」というふうに変わっていた。上司からいい含まれてきたのだろう。

75年には突然、職場の親睦会「一輪会」が解散をさせられた。理由は新たに「明設会」ができたからだという。小野が「明設会」への参加を希望すると、「思想の違う者は入れない。小野は共産党員だろう」と拒否された。「明設会」はインフォーマル組織で職場生活のすべてを取り仕切っていた。小野への差別は徹底していた。この年から春の桜まつりや夏の納涼祭など会社行事にも参加できなくなった。インフォーマル組織が実質仕切っているためだった。

会社には前もって会社行事に参加できるように、差別の是正を申し入れてきたが、会社は「差別などしていない。参加すればよい」と表向きの返事をした。「インフォーマル組織が参加させない」というと、「労働者同士の問題だ」と答えるだけで、実際の差別を放置していた。納涼祭の時に、設備課の桟敷に行くと、インフォーマルの人たちから「この桟敷は『明設会』として借りている。小野の来るところではない」「帰れ、酒がまずくなる」と罵声を浴びせられた。翌年春の桜まつりでは桟敷に行き、勇気を出して「私も一緒に楽しみたいので参加させてください」と2回繰り返して頭を下げた。誰も振り向きもしなかった。

断られることは分かっていても、会社行事に参加できる権利をアピールした。良識ある同僚に排除することがおかしいと考えさせる意味もあった。意思表示をしなければ、「来なかったではないか」と都合のよい既成事実をいわれるのが目に見えていたからである。

職場の同僚の慶弔金の集金についてもまったく声すらかけられなかった。新人が配属された時や人事異動の際の歓送迎会からも排除された。

小野は石川島を退職するまでに祖母、父、兄の3人の肉親の葬儀に立ち会った。自分自身の結婚や2人の子どもの誕生などもあったが、職場の誰からも慶弔の挨拶はなかった。小野の実家での父の告別式の時だけは、職長が香典を持参して来たが挨拶はなかった。78年10月、結婚休暇が終わって出勤すると、会社規定の祝い金を上司が「これ」といって手渡しただけであった。

小野自身、虫垂炎で入院したことがあった。回復して出勤すると、上司は開口一番「入院先が分からなかったので」と見舞いに行けなかったいい訳をした。小野は〝職場八分〟にされても、彼らとはつき合わなくても生きていけると思っていたが、それは社会では当たり前のつき合いができないということであり、人間性や社会性すら抹殺されてしまう苦しさに耐えなければならなかった。

仕事上の差別

小野に対する仕事上での差別は、次のようなものだった。生産の主力となっている機械、新鋭機械、精密加工機械などには関与させないで、廃却またはその予定の機械、新しい技術を取り入れていない機械だけを与えて仕事させた。例え、主力機械であってもほかに担当者がいない場合に限ってやらせた。安全規則で一人作業が禁止されている作業も一人でやらされた。小野以外の労働者が一人作業になってしまう場合は、小野を助手としてつける場合もあった。その場合でも相手となる労働者が誰であるかを考慮して決めていた。会社は小野に対して思いつきの差別や嫌がらせではなく、きちんとした方針にもとづいて対応していた。

会社の安全規則は30kg以上の重量物の取り扱い、高所作業、酸欠の恐れのある場所（指定されている）での作業などについては、１人作業を禁じている。ところが、小野には多くのポンプが設置され、パイプラインが縦横に走る足場の悪い場所でポンプを取り外す作業を何回もやらせた。また、２人でしか動かせない移動式のチェーンブロックを１人で運ばなければならなかった。工作機械のレベル調整や精度を向上させるすり合わせ作業まで１人でやらされた。熱処理職場の深さ約４ｍある地下は酸欠の危険があるため、必ず監視委員を置くように定められている。しかもここは足場が悪いし、排水ポンプは１００kg以上もある。それでも１人作業を何回も強制された。

職場にいることが楽しくないので、仕事中は退勤後のことを考えて気持ちを紛らわせていた。残業はほとんどやらせてもらえなかった。しかし、機械を使う人から「早く直してくれ」といわれたときは残業してでもやりこなした。そこへ上司が「残業はしなくてよい、帰れ」と呼びに来た。自分たちでできないものは都合よくやらせておきながら、必要なければ邪魔者扱いをした。小野は仕事量や人員との関係で何回か組み作業をした。が、日常のつき合いもなく、仕事もほとんどは１人でやらされているためか、相手と呼吸を合わせることが難しくなっていた。組み作業が苦痛に感じることもあった。こういう環境の中で小野にかかわる労働災害が生じてしまった。

労働災害発生とその背景

小野は小型の平面研削盤の修理を１人でやるように命じられて、砥石ヘッド＝頭（軸とモーターが一体となったユニット）を取り外す作業を進めていた。作業が１人ではできないので上司に状況を報告すると、助手をつけて作業を続けることになった。現場で修理の内容を説明し、作業方法の打ち合わせをした。中途になっていた砥石ヘッドを取り外す作業を２人で始めた。が、砥石ヘッドを取りつけているボルトを取り外す作業で手違いが生じ、Ａさんの左手に砥石ヘッドが落下してきて、親指を除く４本の指が失われてしまった。

事故のあとも、小野は１人作業の不当性と危険性を指摘し「１人でやらせないでほしい。助手をつけるように」と繰り返し要求した。しかし、上司から「みんな小野とは仕事をしたくないといっている」と拒否された。小野はそれ以上は何もいえなくなってしまった。

事故の本当の原因、背景は何だったのか。事故はいくつもの要因があり、直接の原因だけでなく隠れた要因や背景をも明らかにする必要があった。この事故の場合は、結論的にいうと職場の人間関係、信頼関係を破壊してしまった会社の労務政策にあると考えられる。ここにメスを入れないと再発防止はできない。小野は工場内でAさんとすれ違っても顔を合わせることができなかった。石播を退職した今でも負い目を感じ続けている。

小野は1人作業を続けてきた無理も原因となって80年頃に腰痛症を発病した。

上司はよく「小野は能力はあるけど、力を発揮していない」といっていた。その反面、「仕事をやらない」「協調性がない」というなど、そのときによっていうことが違い、評価もバラバラであった。一方、上司は同僚たちに「小野とは話をするな」と指示をしていた。仕事の区切りがつかないので残業しているとそのつど、西村正道職長が現場まで来て「残業はしなくてもよい」と退勤を命じた。「仕事をやらない」のではなく、仕事をさせないのが実態であり、「協調性がない」というのも周りと協調させないように排除する管理方法に問題があった。

呼び出し面談で退職強要

86年9月5日、会社は円高・造船不況を理由にして7000人を「合理化」削減する「特別対策」を石播労組に提案した。労組はいち早く提案を了承し、「退職するかしないかは、会社と本人が決めること」と労組としての責任を放棄した。まったく何のための労組だろう。小野は職場集会で「労働者への犠牲を許さず、雇用を守れ」と訴え、労組の方針に反対した。西村職長は「そんなことをいって、報復されてもいいんだな」と2回も繰り返して恫喝してきた。会社は11月10日からの期限を待たず、労働者を個別に呼び出し面談を始めた。

「合理化」案が提案されると、小野ら職場活動家は会社が労働者の自宅を訪問しているという話を聞いた。心配して小野が先輩宅を訪問して聞くと「何もいえなかったよ」といったきり黙ってしまった。会社には辞めると返事したが、家族には何も話していないという。先輩は「仕事のことや個人的なことで、ひどいことといわれた人もいると聞いている」と悔しさを滲ませながら教えてくれた。励ますつもりで訪問したのだが、「がん張れ」といわれてしまった。

小野に対する最初の面談は、11月11日午前に行われた。

伊藤禎彦課長は制度の説明をしたうえで、「退職するのか、しないのか」と小野の意思を確認してきた。小野はきっぱりと「辞めません」と退職する意思のないことを伝えた。西村職長も同席していた。

2回目の面談は3日後で「辞めない理由」を聞いてきた。会社の経営状況悪化の話になったが、「会

社はつぶれない。辞めない」と答えた。面談後、小野は何をいっても辞めさせる理由にされるので、次回から「辞めません」としかいわないことに決めた。

3回目は11月21日であった。

伊藤課長「あなたにやってもらう仕事はこれからなくなる。それでも会社に出てくるのか。家にいてくれということもある。あなたのような人は会社にいてほしくない。身体の弱い、能力のない人はいらない。『辞めません』の一点張りでは話にならない」

西村職長「会社のことを考えるのは従業員としてあたり前のことだよ。お前を支える体制はないんだ。チームワークで仕事するんだから、誰も『お前とは仕事をしたくない』といっている」

伊藤「『辞めません』といわれて、『ああそうですか』といっていたらこの対策はただの紙切れだ。会社は不退転の決意で臨んでいる。結論が出るまで何度でも面談をやらなければならない」

小野「辞めません」

この日の面談のあと、小野は労組の中山道助支部委員に「私が会社を辞めないといっているのに、上司は何回も退職を求めてくる。こういう面談を止めさせるべきです」と要請した。中山支部委員は「組合に保護を求めるのか。会社や組合を批判する者の雇用は守らないというのが組合の方針だ」と答えた。会社の方針を忠実に実行する労組らしい対応だった。

職制の権限を利用したいじめもされた。工具研磨機械の移設作業を機械班全員で行っているところに、西村職長が来て「小野がいるとチームワークが乱れないか」といって、職権でいきなり小野を作業から外させた。退職強要の面談で「辞めます」といわせるために精神的ダメージを与えておくという考えのようだ。小野は怒りで身体が振るえ、職長につかみかかろうとしたが、その場から離れることで辛うじて自身の激情を押さえ込んだ。

12月3日には小野のロッカーに黒いマジックで「小野　12／E退社予定」（小野は12月末に退社予定という意味）「㊡　小野ひも野郎　会社を出て行け」（妻が公務員で小野より給与が高いために〝ヒモ〟になっているという意味）となぐり書きされていた。トイレの壁にも同様の落書きがされていた。

以下、面談の際の会話と勤務中の嫌がらせ等の特徴を小野自身の記録にもとづいて、ピックアップしてみた。面談は短時間でも1日に何回も実施された日も多い。

12月4日の面談。

伊藤課長「この田無では、小野さんにやってもらう仕事はなくなる。やってもらうつもりはない」

小野　「辞めません。これは退職強要です」

伊藤　「もう、君には仕事を命じない」

12月5日の職場でのミーティングで、小野は数日前から続いている仕事を引き続いてやるように川島班長から指示された。小野は昨日の面談で伊藤課長から「仕事を命じない」といわれたことを川島班長に正確に伝えた。すると川島班長はすかさず、「じゃ座っていてくれ」と課長に真意を確認することもなく、作業指示を撤回してしまった。ところが、伊藤課長はその後4回にわたる面談で「なぜ、仕事を拒否したのか」と追及してきた。面談時間は計1時間30分にも及んだ。課長自ら「仕事をやってもらうつもりはない」と指示しておきながら、「仕事を拒否した」というのは矛盾しているというより、支離滅裂もいいところだった。

小野は「今、考えると伊藤課長は『仕事拒否』を認めさせて就業規則の懲戒解雇条項（89条14項＝上司の指示に従わないとき。または職制に対し中傷誹謗を行ったとき）を適用して、解雇をちらつかせて退職に追い込もうとしていたのではないか」という。

小野は職場で仕事を与えられていないため、技術専門書を読んで時間を費やそうとしたが、西村職長が専門書を読むことも禁じた。

職場から部品庫に隔離

12月10日に出勤すると、小野の机と椅子が一階の精密工作室（実体は部品庫、約8畳）に移動させられており、上司からそこに移るよう指示された。さらに、毎朝行われる班のミーティングへの参加を拒否された。職場からの隔離であった。

12月10日の面談。

伊藤課長「席を移したのは、（自分の席で）体操などやってみんなの迷惑になるからだ。会社が非常事態だということをあなたは分かってくれてない」

「『辞めない』というだけでは、普通の精神状態ではないいんじゃない。辞めない理由をいわないのは、あなただけです」

小野は侮辱された気持ちになり、気分が悪くなったので診療所に行った。

同日２回目の面談。

西村職長「私は退職強要をしていない。転職を勧めているのだ。不利なところばかりではない。本読みを禁止したのはよく考えてほしいからだ」

結局、この日は実質４回の面談が行われた。

12月11日の朝、小野は西村職長に仕事をやらせることと机と椅子を元の職場に戻すよう要求した。

12月15日の面談。

伊藤課長「人事権は私にある。辞めなかった場合は出向・配転を必ずやる。これは脅かし、圧力ではない。最初から拒否する人は会社にいてほしくない。辞めない理由を１つ何々、２つ何々と理路整然と答えられるように考えておきなさい。それでも出向・配転はやります」

12月17日には川島班長が「俺としては働いてもらいたい。（西村職長に仕事と机を戻すように要求したことについて）俺にいえば課長に伝えるよ」「非は非として謝るべきだ。転職先も探してみようと思ってくれている」といってきた。小野は内心、「今度は懐柔してきたな」と思った。その夜、自宅に無言電話が２回あった。

同日の面談。

伊藤課長「心を白紙にして考えてほしい。設備課では仕事はできない。一家の柱としてどうすべきかを考えてほしい。今のままではあなたの不幸につながる。辞めるのが家族のためだ」

変な理屈だ。会社を辞めさせて家族が路頭に迷うようなことを強要しているにもかかわらず、辞めないのが不幸につながる、家族のためにならない、というのはどう考えても理屈に合わない。小野は「課長はあせっているな」と感じた。

翌18日、小野は改めて伊藤課長に仕事を取り上げたこと、個室に押し込めたこと、机を取り上げのことについて抗議し、原状に戻すよう求めた。これに対し、伊藤課長「会社が（経営）危機だといっているのに、あなたはそれを否定している。従業員がそんなことでいいのか。私は机を戻すつもりはない。これは仕事でやっている。私の義務だし責任だ」と述べた。課長は上からかなり圧力をかけられているようだ。小野もストレスが溜まり、神経がまいっているように感じていた。腹痛のため翌日は休暇を取ることにした。

㊡オノ　退社…　バンザイ」

12月22日は、朝から「石播の退職強要反対、生活と人権を守る田無保谷連絡会」が田無工場門前で宣伝行動を行った。これに対し、会社職制、労組執行委員、同書記ら多数が出勤してきた職場活動家を西門前で取り囲み、「帰れ」「帰れ」と罵声を浴びせ、出勤妨害を執拗に行った。宣伝行動が行われている正門に回ると、そこでも「いやなら会社を辞めろ。俺は良いからいるんだ」「なぜ辞めないかを考えろ。外のやつらをこんなに連れてきて」などと大声で怒鳴りながら出勤妨害をしていた。勤労課員が名札を外してカメラで撮影していた。
門前ではインフォーマル組織の職長、班長が「へちまの会」（アカを落とします）という聞いたこともない団体名でビラを配付していた。「出て行け共産党」と書かれたイラストつきのビラで、構内のトイレ、ロッカー室などにも配布してあった。更衣室のロッカーの上に「会社に協力もしない㊏＝は即刻辞めろ職場を憂える有志一同」というビラが２枚置かれてあった。
職場の班員全員の名前が書かれている「行き先掲示板」から小野の名前が消されていた。

12月22日の面談。
伊藤課長「どうしてこうなったのか、そのプロセスを考えて反省して、これから何をどうするのかを口頭または文書で示してもらたい。そうしなければこの状態は続きますよ。ここは会社だから『辞めません』という結論だけではだめです」

朝からの一連の動きを見ていると、希望退職の締め切り日である25日が迫っているため、とにかく手段を選ばず、何が何でも辞めさせるということだろう。会社はかなり、あせっていると感じた。
12月23日も工場西門前で多数の職制らから出勤妨害を受けた。小野が職場に行くと、行き先掲示板には、名前の消された小野の欄に「㊏　オノ　退社…バンザイ」と書かれてあった。

12月24日の面談。

伊藤課長「どうしてこうなったのかについて考えましたか、書きましたか。『早期転職援助制度』による退職願いを書いて下さい」

「俺は小野君が好きなんだ」

12月25日、希望退職を求める期限の最終日となった。この日は4回も面談が行われた。1回目の面談は午前10時40分から行われた。小野は出勤時に出勤妨害を受けていた。車のボンネットの上に押し倒され、3分間遅刻したのだ。西村職長「なぜ、遅刻したんだ。佐々木職長は7時53分に(出勤妨害を)辞めたといっている。それから7分あれば(仕事に)間に合うだろう」といった。

小野は心の中で「面白いなぁ」と思った。西村職長の注意は事実上、出勤妨害をやったことを認めていることになる。この頃は面談をしている上司もいうことがなくなって、時間も短くなっていた。

2回目の面談は午後から行われた。

伊藤課長「設備課で辞めてもらいたいのは、あなただけだ。今までのことで反省すべき点、これからどうするのか口頭または文書で示してください。納得できれば仕事を探します。しかし社内での保障はありません。小野さん、ぜひ協力してください」

3回目は夕方から行われた。

西村職長「小野よ。どんな組織でも最後は1人だよ。小野は本音で話せる人はいるのかい。俺はいるよ。小野、本音でいってきてくれよ。いつでも聞いてやるよ。小野は組織に引きずられているんじゃないかと思うよ。小野は共産党を辞めた方が幸せになれるって。小野君は素

　　　朴な人間だよ。だから、俺は好きなんだ。共産党を辞めたら職場にいられるように面倒み
　　　るよ」

小野は「職長は自分でいっていることの意味が分かっているのか」と思った。「はい」なんていってしまえば、それで終わりだ。面倒を見てくれるなら、初めから退職強要などしない。要は「思想を変えろ」「会社に屈服しろ」「奴隷になれということではないか」。しかも「俺を好きなんだ」ときた。退職強要をしながら自分だけがよき理解者のようにふるまっていた。まったく恥も外聞もなかった。腹のそこからの怒りを感じた。

4回目は終業前に面談が行われた。

伊藤課長「この制度は午後5時までの受け付けだが、特別に12時（午前零時）まで受けつけます。
　　　電話してくれればよいですから」

そういって、「退職願」を置いていった。小野が退室すると、班長がロッカー室まで追いかけてきて、「小野さん、これと交換してくれ」といって、「早期転職援助」と押印した書類を持ってきた。

翌12月26日、小野は班長が持ってきた書類をそのまま返却した。

伊藤課長「とうとう書かなかったね。反省文が入っていないな。書く気があるんですか。書きなさい」

小野　　「辞めません」

12月27日。この日は仕事納めであった。みんなは朝から大掃除をしている。小野はただ個室に座って1日の終わるのを待った。終業のチャイムが鳴り、個室を出ると職場は暗く非常灯だけがついていた。いつもなら2階で納会をやるのだが、今年はよそでやっているらしい。どこでやっているにしろ、もう

何年も小野は参加させてもらえていない。

ロッカーのなぐり書きはそのままになっている。門を出るとタバコを吸い、自転車をこぎ出した。「明日からは面談はないのだ」と思うと安堵感に包まれた。星がきれいだった。途中、公園で自転車を停めて空を見ていると涙が出てきた。公園で1人で泣いてから居酒屋に立ち寄った。

仲間の励ましと子どものひとこと

小野は「退職強要を乗り切れたのは、特別に信念が強かったからではなかった」という。すでに辞めさせられた労働者の悔しさを実感していたから、「負けてなるものか」との思いがあった。たたかっている仲間との団結と連帯も心強かった。が、何よりも家族の励ましがあったからだと思っている。

仕事を取り上げられ、個室に押し込められた頃が一番苦しかった。そんな時、同じ境遇の職場活動家が退勤後に事務所に集まり、その日の職場の出来事やお互いの状況を話し合って、励ましあうようにした。これはずっと続けられた。

12月のある日、通りかかったある労働者が、小野が座っているのを見て突然ガッツポーズをして見せた。無言の励ましだった。活動家仲間のそれとは一味違うもので、小野を影ながら理解してくれる労働者がいると実感できたことは本当に嬉しかった。

家に帰ると5歳と2歳の子どもたちに絵本を読むようにせがまれると、つい大声を出すこともあった。会社に行くのがいやになり、辞めようかと考えるように追い詰められていた頃、妻の由美子と面談の話をしていたら、5歳の子どもに「お父ちゃん、会社でいじめられてるの?」と尋ねられたことがあった。

２人とも絶句してしまい「心配することないよ」とその場は笑ってごまかしてしまった。

本当に辞めてしまったら、子どもは父親のことをどのように考えるのだろうか？　どんな理由をつけようとも子どもは「いじめられて辞めた」と思うだろう。ウソをついて誤魔かせば、自分は現実から逃げたことになる。子どもと自分自身のために、そうはなりたくなかった。そのように考えられるようになり、ようやく自己を取り戻すことができた。そして退職強要を乗り越えることができた。子どものひとことが踏みとどまらせてくれたのだから感謝しなければと思う。これ以後　大人の世界を理解できない子どもに悪い影響がないように、職場のことは子どもの前では話題にしないことにした。

年末年始の休みに、面談の録音テープを反訳した。だが課長らの声を聞くと、その場に座らされているような錯覚に陥り、身体が振るえてきてすぐに投げ出してしまった。手伝ってくれた妻は「ひどすぎる」といったきりであった。休みが少なくなってくると、「もう会社には行きたくない」という気持ちが強くなっていった。

出社するのがたたかい

新しい年である87年が始まった。１月６日に初出勤した。しかし、仕事の取りあげと机の取り上げ、個室への隔離も止めなかった。職場のミーティングにも出られないままだ。これからは会社に行くことがたたかいになった。自分自身とのたたかいでもあった。

昨年末に仕事を取り上げられた小野は、設備課所属のまま他部門の業務である溶接のテストピースをタガネで分離する作業、冶具の錆落としをやらされた。この部門の労働者からは「どうしてそんなことやるのか。これはもう使わない治具だよ」といわれた。その他、廃却する設備の分解、倉庫のペンキ塗り、クーリングタワーのヘドロさらいなどを命じられた。これら屋外での作業が一巡するとボルト・ナットや切削工具の数かぞえになった。

しかし、正確な備品数を調べるにはサイズの違うものが混ざり合っているボルト・ナットなどは分類しなければならなかった。1まわりして終わっても、繰り返しやらされた。切削工具などは治具番号が打ってあり、担当部署が一点一点管理している。このため、小野が各部署を回らざるを得なかった。小野がチェックしているのを見ていた担当者から「小野さん、どうしてこの仕事をやっているんだ。ちゃんと担当部署は決まっているんだ」と邪魔者扱いされたこともあった。

上司らは、小野にあえて不必要なことばかりやらせていた。他課の上司を誹謗したとして、2月2日から同16日までふたたび仕事を取りあげられた。

元の設備課に復帰

小野は会社の不法行為を止めさせるため2月23日、稲葉興作社長、高橋貞雄航空宇宙事業本部長、伊藤禎彦設備課長、西村正道職長宛に、仕事や席を元に戻すこと、数かずの不法行為に謝罪することを求めた内容証明郵便を送付した。

これに対し、菊地勤労課長は伊藤課長を同席させて、「これは何だ。従業員が会社に抗議するなどとんでもない。本部長はいたくご立腹である」などと会社幹部宛の抗議・要請文書を破りながら投げ返してきた。一般に、内容証明郵便は裁判になれば裁判資料として有効なものである。本人、送り先の相手、郵便局が同じものを保管することになっている。勤労課長が破棄しても効力は消えない。

瑞穂工場の小川末次が集団暴行の吊るし上げ事件に対して暴力差し止めの仮処分を申請していたが、88年3月に会社への謝罪と損害賠償を求める本訴に切り替えた。その裁判が5月の口頭弁論で、渡辺鋼が総論立証の証人として証言することが決まった。そんな状況の4月に西村職長が、小野に「明日からまたみんなと一緒にやってくれ」といってきた。渡辺に小野の件を裁判で証言されたらまずいという判断が伺えた。小野にはひとことの謝罪もなかったが、1年4カ月ぶりに設備課の仕事に戻れることになった。元の職場で個人用の工具や諸道具を点検してみると、キサゲ（平面を精密に仕上げる工具）のハンドル（各自がその体格に合わせて作る特製のもの）が無くなっていた。だれに聞いても「知らない」としかいわなかった。

96年4月から業務命令によって、同課の修理用部品の入出庫管理（部品管理）を専任でやるように業務変更された。以後、定年退職までこの業務に従事した。00年3月、小野は石播人権回復裁判の原告に名を連ねた。

小野は04年3月の裁判の勝利和解後、定年の05年12月まで1年9カ月職場で仕事を続けた。インフォーマル組織の「明設会」は解散していないので、みんなはその会費で職場行事に参加できるが、小野はそのつど会費を支払うことで参加した。裁判ではこのようなインフォーマル組織の解散を要求したが、会社は自主的な組織だと抵抗し、解散させることはできなかった。これについて小野自身は将来に向けての完全解決への「一過程」と思い、受け入れた。

05年12月31日付けで定年退職した。年末は職場の忘年会、組合書記になる人の送別会、さらに自身の退職の送別会と大忙しだった。最後の日、会社は昼食会を設けてくれた。職場のみんなの見送りが嬉しかった。

退職後、小野は07年1月19日に勝利和解した石播の6事業所の168人の差別撤回のたたかいで、賃金差別額の計算などの実務を担当した。自らの人権裁判とその後の6事業所の2つのたたかいの勝利のために貢献できたことを誇らしく思っている。

自分自身を支えた信条

小野は何の役職にもつかないまま定年になり、新鋭機械などやりたいと思う仕事はろくにさせてもらえなかった。賃金も平均の70％くらいであった。後輩たちが仕事を覚えて主力機械を担当している姿を見たり、どんどん昇給・昇格して職能等級でも追い抜かれるのは、正直、面白い訳がない。なぜ、昇給・昇格させないのかと抗議しても納得できる答えは返ってこなかった。

しかし、差別を辞めさせるのと引き換えに自分自身の主義主張を投げ捨てることはできなかった。それは小野自身が小野を否定することであり、人間を辞めることと同じだと考えたからだった。出世欲といったものを持っていなかったし、好きな機械修理の仕事を納得のいくようにやりたいと考えていたので、少しは気持ちが楽だったとも思う。そして、いくつかの会社を変わった末に出会った機械修理の仕事を捨てるわけにはいかなかった。作業者から「ありがとう、調子いいよ」いってもらえるのが何より喜びであった。根っからの職人だった。

鈴木京子

鈴木京子＝旧姓、三島京子は父義彦と母ツヤとの長女として41年12月18日に東京都田無市に生まれた。が、両親が役所に届けた日付けは1月1日であった。世の中は12月8日の真珠湾攻撃と第2次世界大戦に突入したばかりの世の中で戦勝気分で沸き立っていた時だ。父は中島航空金属田無製造所鋳鍛工場でエンジン部品の製造にかかわっていた。軍需工場だったので戦争には行かなかった。戦後は組合の仲間たちと工場を再建したが、63年には東村山市で独立して鋳物工場を経営した。

妹2人と弟の6人家族。子どもの頃はお金はなかったが家族で川に遊びに行ったり、今でいうイベント大好きな母のおかげで楽しい毎日だった。母は57年に石川島重工業田無工場が操業を開始したのをきっかけに、工場の初代寮母をやることになった。寮生がよく家に遊びにきていた。手作りの白菜のつけものとお茶だけで良く恋愛などの相談にものっていたようだ。

田無工場に入社

鈴木は60年に豊島岡女子学園高等学校を卒業し、地元の田無農業協同組合に勤務することになった。夜は洋裁学校に通い、お花の稽古も続けていた。もっと広い世界があるのではという思いがあったため、農協を辞めて都内にある設計事務所に勤めた。が、合わないのですぐに辞めて、第一生命の支社に入った。外交員が外に出ている間、事務所で留守番をしながら補佐する仕事だった。仕事をしながら流れてくるラジオニュースで、連日60年安保闘争の模様を聞き、学生はいいなと思っていた。生命保険の外交の仕事は未亡人が多く、働くこと、生きることのたくましさを教えられたが、女子高で世間知らずのため、複雑な人間関係に疲れた。そんな時、石川島重工業田無工場で募集があることを母親から知らされた。入社試験を受け、62年3月16日に20歳で石川島田無工場に入社した。この頃、ジェットエンジンＪ79の量産体制に入ったこともあり、40人近くが一度に入社した。

最初は熱処理工場課に配属され、銀ロー付けに従事した後、表面処理工場課で現場事務の仕事をした。そのあと、現場にいる女性社員を対象にした試験に合格し、工務課の庶務に従事するようになった。女性3人で手分けして翼工場、熱処理工場、板金工場、機械工場、組立工場、補機工場、運転工場、事務所など工場全体を朝一番に回って労働者の昼食弁当の注文をとり、その数を食堂に連絡する仕事だ。今でこそパソコンに注文数を入れるだけだが、その当時は何百という数の注文だし、お昼が終わるまで毎日がひやひやだった。

このほか工場全体の予算に関する業務を男性から引き継いだ。その人は引き継ぎをしながら関連する文書を破り捨てた。20歳の小娘に仕事を奪われた腹いせのように思った。会社というものは厳しいものだということを教えられた最初の出来事だった。工場全体の生産材料（水素ガス、ドライアイス等）、事務用品（帳票、シャープペンシル等）、消耗品（さび取り用のやすり等）などの購入と予算管理が仕事だった。出張手続きや出張費の清算の事務もこなしていた。給料の袋詰めは、総務や営業をはじめ各部から女性が一人ずつ勤労課の仕事を手伝うことになっていた。製造部からはいつも鈴木が出ていた。

青年婦人協議会の活動

入社して4年たっていたから66年頃の話である。ある時、女性トイレに入ったら、ビニール袋の中に日本共産党の機関紙「赤旗」が入っていた。誰かの忘れものだった。特に鈴木自身は共産党にアレルギーはなかったが、公けにするものではないというぐらいは知っていた。「こんな新聞を読んでいるのは恐らくA子さんだろうなぁ」と思い、A子さんの机の上にそっと置いた。彼女はびっくりしていた。

鈴木は自分の働いたお金で毎月本を買うというのが夢だった。最初は『文藝春秋』を講読していた。松本清張の「日本の黒い霧」シリーズが連載されていて、松川事件などの話を読んで、共産党は事件に関与していないことを知った。参院選挙の時、父から「まだ決めていないなら共産党の野坂参三さんに入れろ」といわれて、びっくりした。「共産党ってなんだろう」と思い、毎週遊びに行っていた銀座の本屋へ共産党関係の本を探しに行ったこともあった。

入社した当時は、春闘の真っ最中で構内のデモ行進を見てびっくりした。職場の人に誘われてメーデーに出かけたが、最初の2、3年は途中から抜け出すことばかり考えていた。労働組合活動に関心をもったのは、父から「いい年していつまで遊んでいるんだ。学校にでも行ったらどうだ」といわれたことがきっかけだった。労働組合の組織である青年婦人協議会の活動を66年から始めた。丁度、「東京地協の総会に行かないか」と職場の女性から誘われて参加した。そこで若い女性のしっかりした発言を聞いてびっくりさせられた。発言の中身は忘れてしまっているが、その生き方に共鳴したのだと思う。それで労働組合活動に楽しさを見つけたのだ。

青婦協の活動で夏のキャンプ、秋の文化祭、冬のスケートの取り組みが行われ、東京第1、第2、第3、横浜、田無などの工場や本社から合わせてバス20台近くを連ねて行ったことがあった。田無工場は「アカはつくらせない」と工場長自ら公言しているだけに、「青婦協はアカだ」などという攻撃が強くあった。キャンプは青年たちの生き方を夜通し語る場でもあったので、会社としては好ましくなかったのだろう。運営委員でもあった鈴木は、バス1台を田無から出すことができた時は嬉しかった。そのキャンプに参加した人が、後にインフォーマル組織である「75連絡会」の初代幹部になり、その後下請け工場に行く際に挨拶に来て「あの時は楽しかった」といってくれ、嬉しく思った。根っからの会社人間にはなれなかったように思えた。

その頃、事務所の女性には事務服があったが、現場の女性にはつなぎのような上下服で評判が悪かった。事務所のような事務服がほしいという要望が強かった。そこで、鈴木らは事務服を要求して実現させた。女性の休憩室の設置を労組に求め、生協の2階や第1事務所の3階等に設置させることもできた。

この年に石川島播磨重工業労組連合会東京労組の大会代議員に立候補して当選した。その年「女性が初めて1人当選」というニュースが組合の機関紙に載った。帰ってきて事務所の真ん中で昼休みに報告した。後に部長になる人が寄って来て「よかったよ」といってくれた。青年婦人協議会の活動では運営委員として中心的な役割を果たし、全造船青年婦人集会などにも参加するようになった。当然、活動経験を交流したり、帰ってきてからは報告集会を開くなど活発な議論を繰り広げた。

「はぐくみ会」推薦で要注意人物に

67年5月、青年婦人協議会の関東地協総会に、石川島の婦人部の代表で参加することになった。石川島全体で10人ぐらい参加していた。総会には、これまで組合活動として参加することができたが、67年からは個人の休暇で行かなければならなくなった。この年から休暇届けの用紙が変わり1年間使用することになった。休暇届けの用紙が勤労課と工務課とで行ったり来たりしたらしく、課長印が消したり押されたりと汚れた休暇届を1年間使わざるを得なくなった。その当時は、自分から組合活動するのは「はぐくみ会」系、会社からいわれて活動するのは「統一会議」や「民連」系の関係と思われていたから、「はぐくみ会」系の休暇届けを受け取った課長は、びっくりした顔をしていたことを今も覚えている。

課長は勤労の職員に「『レクリエーションリーダーでいい娘だった』と思っていたのに、いつの間にアカの影響を受けていたことに驚いた」と話したらしい。

当時、鈴木は組合の活動であり、「届けを出していたので何ら問題はない」と簡単に考えていたようだ。政治的背景などは思いもよらなかった。会社側は事務系から初めて参加したことに注視していたようだ。

総会から帰ってきた鈴木に対して、課長が「若いうちは誰でもそういうことに関心を持つけど、気をつけた方がいいよ。組合活動などやらない方がいい」と忠告してきた。話をしている課長のたばこを持つ手が震えていたのを見ていたので、「そんなにもショックだったのか」と印象深い思い出になってしまった。この課長は定年前に下請けに天下りさせられて、ジェットエンジンの試運転場の隅に追いやられた。鈴木は仕事で近くに行った時は、愚痴をよく聞いて話相手になった。

始まった嫌がらせ

67年末頃には庶務を外れ、見積もり作業の担当になった。庶務は現場に行く機会が多かったからだ。鈴木をあちこちの現場に行かせないための人事であった。この頃、職場査定員に選ばれた。職場の組合代表と上司の査定をチェックする係で女性が選ばれることは珍しかった。鈴木を選んだのは職場でも不満があったせいだと思う。査定表を見る全員の名前と数字が書かれてあり、鈴木は平均より低かったので課長に理由を尋ねると、「鈴木さんのそばに人が来るからだ」といわれた。一般に人が寄ってくるのは、その人と話をするためであり、信頼されているからでもある。会社にとってはそういう人物の影響を好ましくないと見ていた。

68年から板金工場の製造管理の仕事に従事するようになった。作業の指導票の作成、製造された部品の台帳管理、出庫する部品の一覧表を作ったり、面白くやりがいがあった。現場の班長から事務所で事務をやるようになった人が「俺と同じ仕事をしているのか」といっていた。女性が男性と同じ仕事をすると生意気だと感じる男性が多かった。

ある時、鈴木は上司の課長昇進を祝って職場の同僚たちと課長宅にお祝いに行った。その時、課長が「今の労働組合は労働貴族だ。どうしようもない」というようなことをいい、「この地域の共産党はよくやるよ」といっていた。次の朝、同僚が「課長が今、勤労で吊るし上げにあっている」と報告してくれた。課長宅の出来事を勤労に報告したのは当時、労組で支部委員をしていたSで、現在は取締役になっている。勤労から戻った課長は鈴木のところにきて、「これから、鈴木さんについての考え方を３６０度変えるから」といった。１８０度転換なら分かるが、３６０度なら元に戻ってしまうことになると思いながら、ひとことだけ「どうぞ」といったことを覚えている。この頃からインフォーマル組織が管理職も監視するようになってきた。

いきなり「出勤停止1日」の処分

鈴木は69年9月、青年婦人協議会の役員選挙の準備のため、運営委員の立場から在籍確認のため対象者に廃紙の裏に書いたメモに、入社年月日、所属課、氏名等を書いてもらうよう職場をまわった。就業中であったが、勤労課に行って女性の組合員に書いてもらった。こうしたことは通常行われていた。ところが、勤労課員から「就業中の組合活動はだめだ」と注意をしてきたので驚いた。本部の組合執行委員に訴えたら、書記長が飛んできて勤労課に事情を聞いてくれたが、11月14日付けの「出勤停止1日」の懲戒処分を受けた。この直前の10月の執行委員選挙で会社派が多数を占めたので2カ月も前の出来事で処分されたように思った。70年に石播労組が同盟（現連合）に入って以後、会社は青年を富士政治大学校に行かせるなどして労働者の変質をはかるようになっていた。

職場で、鈴木が「明日は『出勤停止1日』の処分のため休むから」といったら「それはおかしい」といってリーダーがすぐに勤労課に抗議に行ってくれた。すると、しばらくして帰ってくると、何をいわれたのか想像はついたが、ひとこと「だめだった」といった。休んだ次の日どのような顔をして出勤しようか悩んだが、笑顔で大きな声で挨拶すると決め臨んだ。同僚たちは何事もなかったように迎えてくれた。

75年に職場ごとにインフォーマル組織が作られてからは、他の自主的な職場活動家と同様にあらゆる行事からボイコットされた。それまでは嫌がらせはあっても、まだ昼休みには課長も入ってセブンブリッジなどカード遊びをして遊んでいた。ある日、突然「昼休みにセブンブリッジをやめる」といわれた。課長をはじめメンバーは手持ち無沙汰になったが、次第に周りで話のできる人がいなくなっていった。同僚たちは「鈴木とは仕事の話はしてもいいが、昼休みは鈴木と話をしてはいけない」といわれたのか、自然と離れて行かざるを得ない状況が作られていったようだ。楽しかった昼休みは一人ぼっちになってしまい、一番嫌な時間になってしまった。

事情を知らないパートの女性らは驚いていた。新人社員の女性は「学校は細かい規則があるけど、この会社は『誰と話をしてはいけない』とか、学校以上にうるさくて、おかしいですね」と、就業中に話しかけてきた。

76年、鈴木（三島）は34歳の時に結婚した。夫＝光弥とは職場結婚で、夫は東2工場船装課の溶接工だった。二人とも山が好きだからと、山の仲間の紹介だった。職場では「結婚式に招待されても行かないようにする」という指示が出されたようだ。結婚式会場には、監視役二人が出向いて、職場から誰が参加しているのかをチェックしていた。参加を見合わせたが、お祝いをしてくれた人たちは多くいた。出席して挨拶してくれた上司は後に労働課長に昇進したが、鈴木の定年後に「鈴木さんの結婚式に出席するかどうか、本当に悩んだ」と打ち明けられたことがある。78年に長女・桂、80年に次女・歩が生まれた。その当時は産前産後の休暇は各6週間だった。長女のとき、お乳がたくさん出たのに止めることができず、「もったいなぁ」と思いながら職場でお乳をしぼってトイレに捨てていた。が、次女のときは産休明けのその朝からお乳は止まった。よほど最初の子どもの時にお乳を捨てたのが精神的につらかったのか体が覚えていたようだ。

子どもができてからは、退社時間で門を出れば子どもの待つ保育園に行き、保母さんやお迎えのお父さん、お母さんと話ができたことが癒しになった。保母さんに「鈴木さんは子育て楽しんでいるのね」といわれたことがある。会社の門を出たら子どものことのみを考えていた。二人の子どもが卒園するまで保育園の会計、副会長、会長を引受け、充実した毎日であった。会社の昼休みには保育園のバザーに出すものを作ったり、編み物をしたりして過ごした。子どもが学校に行きだしてからは、学童の父母会長をやったり、ＰＴＡの副会長を卒業するまでやるなどした。石川島の労働者だけでなく他の産業の労働者たちとも子育てというつながりを生かして交流できた。会社の嫌がらせに耐えることができた一因だったかも知れない。

77年４月にふたたび生産管理業務を集中化させる組織変更が行われ、生産管理一課に異動した。英国のロールスロイス社から受注したエンジン部品の生産管理を元班長だった人と組みになって担当するようになった。その担当者が途中異動になったため鈴木一人で担当することになった。ロールスロイスには毎月支給された素材がどれほど使われて部品になったのかを営業を通して報告する必要があった。部長が現状報告を上司に聞いても分からず、仕方なく直接鈴木に聞いてくることもあった。現場に行って納期のことなど必要な会話をしていると、職制がやってきて「何を話しているんだ」と寄ってくる状況があった。また納期や進捗状況を打ち合わせる会議では事情に詳しい鈴木が課長の命で説明した。出席した職長や班長は目を丸くしていた。

仲間外しと監視網

会社の行事である桜まつり、納涼祭、暮れの仕事納め、職場では新入社員の歓迎会、退職者や異動者の送別会などには一切、声がかからなくなった。鈴木も同じ仕打ちを受けている活動家たちとともに勤労課に改善を申し入れているが、何の改善もなかった。ある時、会社を退職する女性が鈴木に「なぜ、送別会に来てくれなかったの。残念です」と泣かれたことがあった。送別会の回覧文書には、すでに鈴木の名前のところに「×」印がつけられており、鈴木には回覧されずに回収されていたことが後でわかった。

82、83年頃から、昼食の弁当を食べようとした時に、部の人たちがパートと鈴木を残して一斉に部屋を出て行くようになった。職場集会やインフォーマルの会合をわざわざ別の場所で昼食を食べながら、報告を聞いていることがあとで分かった。「組合費を払っているのに除外するはおかしい」と文句をいったら、組合の集会だけは参加させるようになったが、インフォーマルの集まりは除外し、それは定年まで続けられた。

こんなこともあった。99年に課長の送別会の日程のメールが送られてきた。「参加します」と返事したら、リーダーが「職長や班長が嫌がるから遠慮してほしい」と参加を拒否するために飛んできた。鈴木が参加すると迷惑ということだが、大の大人がやることなのかと思ってしまう。石播では当たり前のこととして通用していた。新しい女性が入った時に女性だけの昼食会が催されていたが、91年以降は昼食会も排除されるようになった。当時の課長に女性だけでそんなことが出来るはずがないと抗議したが、課長は「私は知らない」の一点ばりだった。

鈴木ら「はぐくみ会」の職場活動家に対し、労働者からの支持は年々減っていった。それでも代議員の選挙では前年に比べて1票でも「はぐくみ会」の活動家に票が入ると、労務担当者は躍起になって誰が支持したのかを徹底的に調べていた。職場中に張りめぐらされているインフォーマル組織と労組によって、情報があがる仕組みになっていた。

86年の男女雇用均等法の成立に伴い、男女別の賃金テーブルを廃止して一本化したが、実態はまったく変わらなかった。25歳以上で男性の70％近くが企画職に昇進しているのに対し、女性の80％以上は執務職に抑えられていた結果、給与水準は女性で男性の60％程度で、年収は30歳台で２００万円くらいの差が生じていた。加えて鈴木は活動家だから同じ女性同士でもさらに１００万円以上の差が生じていた。

72年に職務等級制度導入後、鈴木自身21年間も執務職２級に据え置かれているので、職場集会で思い切って、手をあげ「私は21年にわたって執務職２級である。女性差別も余りにひどいと思う」と発言。さすがに事務所にきた同僚が「同じ仕事しているのにそれはおかしいね」といってくれた。93年にやっと３級に上がったが、01年８月に退職するまで昇給がなかった。

ワープロやパソコンについて鈴木には何の教育もしなかった。課長に「パソコンを覚えたい」と申告したら、「残業を1時間できるか」といわれ、「できる」といったら、指導してくれた。その後は同僚を捉まえ、聞きながら覚えていった。保育園のお迎えは別のお母さんにお迎えをお願いした。パソコン教室に行った人より鈴木に仕事を頼んだ方が早いので、課長や部長に仕事を頼まれるようになった。鈴木を差別して仕事を外せば仕事が滞ってしまうため、なし崩し的に鈴木への対応を柔軟にせざるを得ないことも多々あった。差別というものが実務にいかに支障を生じさせているかの証左であった。

7000人「合理化」で退職勧奨

86年の7000人「合理化」あたりから、工場全体で厳しさが増してきた。労組は率先して「合理化」を受け入れた。活動家集団は「退職強要をはね返す12章」のビラを門前でまいた。小さく折りたたんだビラをポケットから見せてくれる人もいた。「あんたなんか、会社にいらない」といわれて頭にきて辞めていった人、40回近く呼び出されて「やめろ」といわれた人、病室まで訪れてきて「やめろ」といわれた人もいた。愛知の女性の場合は事務職から掃除だけの仕事を3ヵ月もさせられるなど、本当にひどい人権侵害が行われた。

退職勧奨の面談は最低3回は行われた。以前、鈴木に「鈴木さんについての考え方を360度変えるから」といった課長は、このときは部長に昇進していて「面談は3回やって、説明することになっている」といいながら、鈴木に対しては「君がいると助かる」といってくれた。仕事上、鈴木にも面談せざるを得ないということをいいたかったようだ。鈴木自身は、課長から3回「退職しろ」との退職勧奨を受けている。1回目の面談は2人の課長と部長、2回目、3回目は課長と部長とで終わりにしてしまったので、あとでこの上司らは勤労課から文句をいろいろいわれたらしい。

面談では鈴木は「子どもが小さいから辞める訳にはいかない」「こんな少ない退職金で辞める訳にはいかない」と突っぱねた。その後、仕事を回さないようにしてきたり、せいぜい雑用仕事で、毎日何もやらせない日々があった。「何で、仕事をさせないんですか」と抗議した。残業しないと回らない状況になっているにもかかわらず、「指示していないのに、勝手に残業するな」と文句をいわれりした。子どもがいたから耐えられたと思っている。

門前では毎朝、何十人ものインフォーマルの人たちが活動家集団に「帰れ、帰れ」と唱和して出勤妨害を続けた。鈴木は、子どもを保育園に送って7時55分過ぎにぎりぎりで出勤していたが、何度か「鈴木、帰れ、帰れ」と罵声を浴びせられた。罵声を浴びせた男に対しては、その後仕事の関係で付き合わざるを得なかったが、決して許す気持ちにはならなかった。こういう人たちは、どうせ「上司の命令だから仕方なかった」と弁解するに違いない。保身でやらされている人が大部分ではあっても、やはり「こういうことは許されてはならない」「やってはいけない」という勇気がほしいと強く思ったからだ。自分自身が攻撃される側になる可能性だってあったはずだ。

お通夜の通知されず

あるとき、結婚退職する同僚のお別れ山行を計画して、鈴木ら女性8人が参加した。山頂に着いて昼食を食べた時、同僚たちは「勤労が参加者一人ひとりを呼んで『鈴

木さんと一緒にいくのはやめろ』と圧力をかけられた」と話してくれた。それでも、女性たちは青年婦人協議会の活動を活発に行っていた。婦人部としては「女性は未来の子どもを育てるのだから生理の時ぐらい身体を休めないといけない」という保健婦さんの指導もあり、勉強会にも行って3日間100％支給の取れる職場だった。それが、後には1日だけ100％支給にされてしまった。現在は取れる人もいないのではないか。

隣りで机を並べて仕事をしている同僚が亡くなったが、お通夜の連絡さえなかった。後で知って、あわててパートの人の喪服を借りてお通夜に駆けつけたこともあった。こうした仕打ちはつらかった。それでも、鈴木の場合は職場の人たちと若いころから一緒に山に行ったり、昼休みにカードなどして遊んだりしていた仲であったし、何よりも仕事ができてみんなが教えてもらうために、他の活動家に比べてまだ嫌がらせはましな方だった。

鈴木は99年の株主総会に出席して、東京工場での和解にもとづき、差別的労務管理をやめるよう求める発言をした。株主総会での発言は会社にとっては恥部を暴露されたようなもので、痛手であった。翌2000年3月に人権回復裁判提訴に踏み切った。定年まであと一年余に迫っていた。

田無駅前で送別の花束贈呈

石播には39年と5ヵ月勤務した。2001年12月31日が本当の定年退職日であったが、人権裁判の係争中であったため、4ヵ月繰り上げて8月31日付けで退職した。

鈴木が退職することを知ったパートの女性たちは、送別会に「私たちも出たい」と願い出た。が、上司は「やれるわけがないだろう」と返事をしたという。パートの人たちは「鈴木さんにはみんな、あんなにお世話になっているのに…」といっても、上司は「わかっている。でもやれない」といわれたという。送別会は結局、催してもらえなかった。

その日の朝、若い女性が「お世話になりました」とそっとプレゼントを置いていった。奥さんが作ってくれたといってレースのテーブルクロスをそっと渡してくれた同僚もいた。送別会はなかったが、午後1時に最後のお別れの挨拶をさせてもらった。部長は「自分が入社して初めて鈴木さんと会って仕事をするようになって、石川島にはこんなに仕事ができる人がいた。また最後になって一緒に仕事ができたことは素晴らしかった」と挨拶してくれた。

鈴木は「お世辞でもうれしい」といい、「これからの人生は女性の地位向上のために力を尽くしたい。当面は株主総会で女性差別のことと、サービス残業について質問したいと思う」と挨拶したら大きな拍手に包まれた。嬉しかった。鈴木は職場での人生はこれで完全に終わるような気持ちにはならなかった。退職してからは裁判の仕事が待っているので、まだこれからだという思いが強かった。

パートの女性2人は、午後5時頃から鈴木が乗降している西武新宿線の田無駅で待っていた。退職して工場を後にした鈴木が田無駅に着くと、2人は「長い間、ご苦労さま。お世話になりました」といって、感謝とねぎらいの花束を贈呈した。「本当にありがとうございます」。3人とも泣声になっていた。鈴木にとっては何よりも真心のこもった感謝と花束であった。

石井　浩

石井浩は1941年1月に東京都文京区千駄木で生まれた。
中学校を卒業してから日立製作所亀戸工場で旋盤を習いはじめたが、もっと大きな会社で働きたいと思い、新しい職場を探していた。
59年11月、大型クレーンの部品を旋盤で処理する業務の募集が職業安定所で見つかり、石川島重工業を受験した。面接試験の時に歯車のネジの切り方をいうと、試験官が「よく、機械のことを知っているね」と感心していた。東京第1工場（佃工場）の起重機製造部機械工場課に配属され、大型旋盤の夜勤業務に従事した。18歳で当時はまだ、労働者も足袋をはいて下駄ばきやサンダルばきの姿で通勤していた。夜勤が中心で2交替制だった。家に帰っても明るくて眠れない時も多かった。
労働環境が悪く、互いに同僚に呼びかけて運動し、扇風機、暖房設備の設置を要求して実現させたり、手袋や作業服の支給、夜勤食の改善なども実現させていった。臨時工制度が廃止された。臨時工の青年の中には、職場の労働条件改善で労働者の立場で「はぐくみ会」に入って活動していた。組合運動を熱心に取り組むことになったきっかけは、一人ひとりの労働者が主人公となるような民主的な組合運営の実現をめざしていた先輩らの献身的な姿に感銘を受けたことにあった。「はぐくみ会」の労働者は、いずれも仕事の腕がよいだけでなく、労働者の切実な要求をどうしたら実現できるかを真面目に考えていた。かれらの人間的な魅力に強く惹かれて、一緒に活動したいという思いになった。

性分に合った大型旋盤作業

62年から運搬機械製造部機械工場課に入り、大型旋盤の仕事に従事した。旋盤の仕事は早くて正確にできた。仕事にはリズムがあり、石井の性分にもあっていた。同僚に教えてやったりもした。石井自身はまず、人に教えてもらうことはなかった。その変わり、よく勉強したし、研究努力をした。大型旋盤担当者は、クレーンやコンベアなど荷役・運搬機械の部品の加工作業であり、一つの部品の重さが1トンから10トンに及ぶものもあった。直径1m前後、長さも数mというものが大半であった。この部品加工は通常1個を加工するのに10時間から30時間、場合によっては50時間から60時間以上もかかる作業となった。しかも機械は動かしながら工夫して変化させていく。止めたりするとかえってロスを生じる。工夫の連続だともいえる。作業には特有の技術や手順に習熟する必要があり、高度な技能を要した。普通は2人で扱うものだが、石井は1人でやっていた。

64年から68年まで毎年、職場代議員（後の支部委員）や分会大会代議員、職場委員などに選出され、労働組合運動を積極的に行った。65年末には、機械、組立、鉄構3課の共同ロッカーハウスの移転計画の改善運動に取り組んだことがあった。この問題をめぐっては職場では連日のように集会や職場委員会が開かれ、労働者の立場にたって活動した。「はぐくみ会」の職場活動家の奮闘によって、さまざまな要求が実現していった。石井は「ここに労働運動の原点を見る思いをした」という。

ＣＦＣの結成

石井自身、信頼できる仲間だと決めたら、とことん仲間として扱かった。裏切るのは最低の人間だと思っている。曲がったことが大嫌いで、はっきりものをいう方であった。根が優しく、世話好きであった。屁理屈《へりくつ》をいったり、弁解したりするのもいやで、シンプルな生き方をしてきた。クレーンの操縦など大型機械は何人かの共同作業になるので、みんなで連携しなければ仕事が円滑に運べない。でないと、職場の安全も確立できないからだ。

「はぐくみ会」の職場活動家は、66年ぐらいまでは組合の役員選挙で全員当選する状況が続いていた。しかし、68年以降は「はぐくみ会」活動家の組合役員当選は皆無になってしまった。石井は85年まで職場委員、支部委員、大会代議員などに立候補したが、いずれも落選した。その背景には労組の変質を狙った会社側の策動があった。会社側は黙って見過ごしていたのではなかった。

63年には職長や班長ら職制らが中心となって、名目は「職場の親睦をはかるため」と称してインフォーマル組織の先がけとなる「ＣＦＣ（クレーン・フレンド・クラブ）」を結成し、労働者に利益誘導や恫喝を駆使した多数派工作を開始した。職長や班長は上司の権威のもとに入会を強制し、会社の住宅ローン制度を差別的に運用した。「はぐくみ会」の職場活動家には同制度を利用させなかった。ＣＦＣへの入会を会社への忠誠心を測る「踏み絵」にして、一般労働者と「はぐくみ会」の職場活動家を離反するように仕向けていった。職場には以前から全員参加の「親睦会」として「協友会」があったが、ＣＦＣの勢力拡張とともに協友会の活動は空洞化させられ、やがて解散させられた。

石井は63年頃、直属の班長から「石井は若いし、腕がいい。だから『はぐくみ会』のAやHなどと付き合わないで労働運動なんかやめたら職長ぐらいにはなれるんだ。どうなんだ」と、いわれたことがあった。その時、石井は「AやHは好きだ。かれらのやっていることは正しいと思っている。だから俺もやるんだ。そのことと仕事のことは別じゃないか」と答えている。

石井は職場の夜勤仲間とともに旅行会に参加していた。65年頃にはCFCの関係者が「石井を（旅行会から）外せ」との圧力をかけてきたが、仲間が守ってくれ、退会を迫らなかった。それは石井が仕事ができ、率先して夜勤や旅行会の幹事などもやって人一倍頑張っていたからだ。仲間同士でマージャンに勝つと自分で酒の肴を買いに行き、みんなに振る舞ったりした。班長の家にマージャンをするために招かれたこともあった。が、やがて旅行会も解散させられた。

不当な賃金格差

職能給制度導入によって、石井は本来なら「標準者」が技能職４級３号であったのに対し、同２級７号（入社後２〜３年くらいのキャリアの格付け）という低い格付けにされていた。石井は大型旋盤の主担当で、他の人は若年者であり、補助の役割りであった。しかしながら、補助の人の方が高い格付けがされていた。

石井は余りにひどい格付けに、直属の上司の班長に抗議した。

「俺は労働運動をめぐってあんたと意見が対立することもあるけど、そのことと仕事の成績とは別のことだろう。何年も夜勤番も同じでいつも付き合ってきた。麻雀のメンバーが足りないという電話があれば、あんたっちへ飛んでいったこともある。夜勤や旅行会も一緒だった。四国や仙台も行ったよな。『あいつ、何で仕事が遅いんだろうなぁ。もっとこういうふうに工夫してやればいいんだ』なんて話しあったこともあったよな。俺の性格や仕事のことなど、よく知ってくれていると思っていたよ。それなのにひどいじゃないか。俺にはカミさんもいるし、子どももいる。あんた、俺に恨みでもあるのか。あるんだったら本当のところ教えてくれよ。何なんだ」

班長はこういった。

「石井さん、君のことはよく知ってるよ。仕事も知っているつもりだよ。だから、私はＭさん（上級技能職の格付け）と同じ評価をして上に出したよ。本当だ。見せてやりたいが、それはできない。ひどいと私も思っているが、私にはどうにもできないよ」

班長の頬から涙がこぼれ始めたのを見て、それ以上は何もいえなかった。

石井は73年に技能職３級５号に、75年に同４級１号に昇格した。３年間で２級から４級にまで３段階も昇格することは、社内でも「特進」といえた。ただ、このような結果になった背景には事情があった。石井が職能給2級に対し、5歳も若いKが旋盤の補助を努めていながら3級であったため、実態から乖離した現象が職場でも話題となっていた。「仕事ができる腕のよい旋盤工が2級でよ、先手でまだ仕事のわからねえのが成績が上の3級だってよ。会社はバカじゃねえのか」というものであった。

当時、会社の差別的な労務政策は、まだ職場の末端まで浸透仕切れておらず、職場の声を無視するわけにはいかない不合理さを繕わざるを得なかった。それでも石井に対する「特進」は「標準者」よりも低かった。会社は76年以後、定年退職する2001年まで石井の職能給を技能職4級に据え置いたままで、極めて差別的取り扱いを是正する気はさらさらなかった。

76年からは会社の都合により夜勤業務を中止し、昼間の平常勤務に移行した。

79年に佃の第1工場が閉鎖され、豊州の東京第2工場に変わるが、第2工場の名称は無くなり、豊州工場が東京第1工場として存続することになる。石井は運搬工作部機械課（運産部）に所属する。80年より運搬機械事業部運搬機械製造部機械課と名称が変更され、横浜工場に移転することになったが、石井は豊州で6年間一貫して大型旋盤作業に従事していた。やがて、その時に仲間はバラバラにされ、関連企業に出向させられたり、配転させられて行った。辞めた人たちも大勢いた。会社は工場の機構を整理統合することで活動家を分散できる〝一石二鳥〟の策を講じたといえる。

田無工場へ不当配転、会社を提訴

86年1月初旬、石井は航空宇宙事業本部田無工場第2製造部精密工作課に配置転換された。前年には東京第2工場の製缶職場の石井潜、池原吉政、中居洋志男の3人が田無工場と瑞穂工場に配転させられていた。4人は本人の事情を無視して新しい職場に行くか辞めるかの選択を迫る業務命令には頭にきていた。が、怒りを抑えながら命令された勤務地で就労した。石井にとって田無工場への異動は、これまで大型機械を扱ってきた人間に精密機械の仕事をあてがうという嫌がらせ以外の何ものでもなかった。人の能力をうまく使って会社に徹底的に貢献させるならまだ話はわかるが、自ら辞めていく道しか選ばせなかった。

田無工場の職場では、石井を最初から「要注意人物」として位置づけており、歓迎会も行われず、周りから冷たい視線で迎えられた。赴任間もない17日、同じ班の同僚がスキー帰りの土産を持参したが、石井のみがことさら除外（いわゆる饅頭ジャンプ）された。石井は他の3人が不当労働行為、労働契約違反、人事権の乱用で、86年1月に東京地裁に配転撤回を求めて提訴していた裁判に合流した。

10月15日には、会社は全従業員の3分の1にあたる7000人の人員削減を断行する「緊急対策」の実施を提案した。その内容は「希望退職募集」の名のもとに実施された。しかしながら、一般に健康を害して仕事を続けていくことが困難であるといった理由があるならともかく、誰も自ら辞めたい者はいなかった。従って、会社は職制やインフォーマル

組織を動員して退職強要で目標を達成していくしかなかった。とくに、会社に批判的な職場活動家を職場から放逐するべく、業務命令下の個別面談と暴力的な集団吊るし上げなど、あの手この手を講じてきた。石井に対しても常識では考えられないような手段で退職強要をしてきた。

退職強要のための面談

11月10日に行われた最初の面談は課長と職長が出席し、課長から「退職に協力してほしい」と、いきなり通告された。石井は「辞めるつもりはありません」とはっきり断った。2回目の面談は17日に行われた。同じく課長と職長が面談した。

課長「あなたは『お釈迦（製品を作りそこなった意味）』はするし、仕事は遅いし、改善提案は出さないし、精密工作課ではいらない。この仕事なら任せられるという人が必要だ」

石井「あなた方が私に田無に来てくれといったこととまったく違う。君の技術なら十分対応できると……。嫌だというのに無理やり業務命令で連れてきておいて……。それなら元の職場に戻せばよいではないか」

石井に対して職場では、仕事の不慣れにつけ込んで本人の責任でもないミスをミスとして追及したり、ミスをするように仕向けたり、ミスにカウントしないものまでミスにするなど「品質指導」と称して、さまざまな嫌がらせが行われていた。

12月18日になると、職制ら約50人が田無工場の門前に勢ぞろいし、「共産党は会社をやめろ」と石井ら職場活動家に出勤妨害をしてきた。「てめぇ、この野郎」とヤクザまがいのいい方で罵声を浴びせた。24

日の出勤時には班長（後に石井の職長になる）と職長（後の石井の課長）の2人が腕組みをしたまま石井に身体ごとぶつかってきた。

班長「お前のくるところじゃねえよ」
職長「お前なんか、会社を辞めろ」
石井「暴力はやめろ」
職長「手なんか出してねえだろう」
石井「体当たりは暴力じゃないのか」
班長「うるせえ、帰れよ」
石井「あんたたち気の毒だな。会社から命令されたら何でもやるのか。かわいそうに。あんたらの人間性はどこへ行っちゃったの」

石井は課長のところへ行き、「課長、私が連日、入門の際に嫌がらせを受けているのを知っているのですか。今日は暴力まで振る舞われて……。管理責任者として入門妨害をやめさせてもらいたい」と抗議すると、課長は「私は知らない。会社の外のことだろう。当事者と話し合えばいいではないか」と答えをはぐらかした。石井は「入門妨害でもか。しかも、あなたの部下ですよ」と追及すると、課長は答えずに逃げてしまった。

仕組まれたミス

職場では「あんたには作業をさせられない」「すぐ、人のせいにする」「反省がない」「30年のベテランが聞いてあきれる」「ずっと休暇を取っておれ」「コミニュケーションに欠く」「協調性がない」など班長や職長による悪罵と中傷が繰り返された。始末書を要求してくることも多かった。仕事でミスをすると、インフォーマルの連中十数人が押しかけてきて、取り囲んでつるし上げ状態で追及した。仮りにミスをしたとしても、ミスの原因がどこにあるのかを理解させるのが再発防止の道であるが、ミスにつけ込んで嫌がらせをし、自ら辞めていくように仕向けるのが目的であった。ある時は1週間ぐらい仕事を取り上げてしまうこともあった。「見学」「教育」と称して他の作業者のそばで、見せしめとして長時間立たせることもあった。

こんなこともあった。軍用ジェット機のエンジンの部品を「お釈迦にした」と責任追及されたことがあった。その時も集団による吊るし上げが行われた。ところが後日、「お釈迦」といわれた品物が継続して加工されて自衛隊に納品されていたことが分かった。疑問を抱いていた石井は手順書で製品番号を調べていて明らかになった。正直「ここまでやるか」という徹底ぶりにあきれ、驚いた。会社はでっち上げの口実をつくってでも気に入らない労働者を駆逐できればよかった。

7000人「合理化」の「緊急対策」実施が終了しても、暴力的な攻撃や嫌がらせは続けられた。とくに90年から93年にかけては繰り返し行われた。石井はこうしたことをやめさせるために、課長に直談判した。

石井　「今朝、出勤妨害された。そういうことはやめさせてほしい」
課長　「そんなこと知らねえなぁ。きっと、君が嫌われているからだろう」
石井　「管理者として責任を持たないということですか」

課長「そう思ってくれて結構。そう思ってくれ」

香典の受け取りまで拒否

91年の社長の年頭挨拶では、職場の同僚全員がビデオを見るために招集されたにもかかわらず、石井だけは「のけもの」にされ、職場に取り残された。ある時、職場の班員が全部いなくなっていたので、社外工に聞いてみると、「知らなかったんですか。課の昼食会で、みんな行きましたよ」といわれて愕然となった。日常的に嫌がらせが行われていても、心のどこかに「誘ってくれるだろう」という淡い期待があった。しかし、現実はやはり甘くはなかった。職長の妻が死去した折りにも、石井は電車とタクシーを乗り継いで弔問に駆けつけたものの、玄関で弔問や香典の受け取りまで拒否され、門前払いにされている。

会社行事への参加拒否など職場活動家に対する仕打ちに対して、石井は「悔しいという感情を通り越して、絶対に許さない」という思いで頭の中はいっぱいになっていた。「こんなことは絶対に許さん」という思いがむしろ、強まっていった。その一方で「まともな人間のやることではない」という冷静な観察眼も身についていった。相手の理不尽な振る舞いや人間性のなさは軽蔑の対象にしか過ぎず、むしろ「会社のいいなりにされている気の毒な連中だ」という余裕すら感じられるようになっていった。相手が出すぎたことをしてくれれば、こちらに見通しがなくても必ず勝つという思いを強くした。

石井にはインフォーマルに係わっていた人物で親しい同僚がいたが、その同僚は「インフォーマルの怖さを知ってるので何もできない」といっていたほどだ。「まともなことをいえないどころか、ものさえいうことができない」」状態が当たり前のようになっていた。会社の労務政策にがんじがらめにされている実態があった。

13年間の不当配転裁判に勝利

98年9月、中央労働委員会による和解提案で会社側は5人の懲戒解雇撤回、24人の賃金差別是正とともに、石井ら4人も不当配転撤回によって勝利することができた。たたかいは13年に及んだ。石井らは元の職場に戻ることはできなかったが、一定の賠償を謝罪と考えて、他の事件を解決するために了承した。配転裁判は「差別やめろ」とのたたかいであった。中労委での和解では解決できなかった会社の差別政策の一掃をめざして、石井だけはふたたび原告になって00年3月から人権回復裁判をたたかうことになった。

「完納祭」に誘ってくれた上司

01年3月17日、定年退職を間近かに控えた石井の職場に、上司が来て「完納祭」に出席するように求められたのである。石井はそのような行事があることも知らなかった。製品が受注先に無事に納まったというお祝いである。石井は話の分かる上司に対し、田無工場に来る前に従事していた大型旋盤の話を例にして職場ではチームワーク、人間関係を大切にしていくことがよい仕事につながっていくことなどの持論を熱っぽく語った。別れ際、上司は「完納祭はささやかでも私が主催しますから、出席してください」といってくれた。そこでの上司の言葉は、石井にとって田無工場へ来て初めての経験といってもよいぐらい、人間らしい暖かみに満ちたものであった。

その日の午後、上司がふたたび石井のところに来た。

上司「石井さん、ちょっと立ち話でいいですか。実はね。『完納祭』に石井さんが出席することをみんなに話したら、『石井さんが出るなら俺が出ない』という人が何人か出てきましてね。私にすれば最後まで気持ちよくやりたいし、私が主催するんだから、こんなのやめちゃおうと思ったりするんですが、趣旨が趣旨だからやめるわけにはいかないし、弱りました」

石井「いやぁ、ありがてえなぁ。いいにくかったろうに、よくいってくれたねぇ。いいよ。俺は遠慮するよ。出席しろ、といわれたときも嬉しかったが、今度もいいよ。本当のことを話してくれたし、全部いいよ。ありがとうございました」

上司「本当にすみません」

石井「いやぁ、皮肉でいってないですよ。すっきりしているよ。もっと早く、あんたに会いたかったね」

上司「……」（何かいいたそうに、もじもじしていた）

石井「そこらで誰かが見てるから、もういいよ。行きなよ」

上司「すみません」

「差別をなくせば工場も発展する」

退職の日。工場長も含めて来賓室の食堂で10人ぐらいで表向きの送別会をしてくれた。

職場全体の送別会ではなかったが、石井に対するせめてもの評価のあらわれでもあった。

石井はこう挨拶した。

「ミスを出してみんなに面倒をかけたこともありましたが、旋盤、研磨、熱処理等々、一つの製品をつくるのに、みんなの協力がないと生産もうまくいきません。大事な仕事ほどみんなで協力してやったら、もっとうまくいくものだと思います。工場長から班長まで、みんながお互いに話ができるようにするのが当然のことだし、差別をなくしてやっていけば工場も必ず発展します」

みんな、シーンとして聞いていた。

石井は「心の中では、みんなこんな会社のやり方は間違っていると思っているんだなぁ」と思えて嬉しかった。

退職後、石井は係争中の人権裁判に集中した。04年には勝利和解をし、40年近い石播闘争の中継ぎ役を果たした。「やられても、やられても、また起ち上がって、ついに勝った」と石井は述懐している。

工藤龍太郎

工藤龍太郎は40年1月14日に旧満州国奉天省撫順市で生まれた。

父、重次郎は1881年（明治14年）に秋田県鹿角郡七滝村の貧農に生まれ、若くして地元で土木請負い業「工藤組」を起こし、小坂鉱山で事業を営んでいた。昭和の大恐慌で夜逃げ同然で単身朝鮮に渡って軍の飛行場建設等に従事していた。35年頃より旧満州国の撫順市で土木建設業「東亜工業（株）」を経営していた。

21年に横浜市で生まれた母リエコは、その後、台湾で古物商を営んでいた叔母の養女となった。19歳当時は奉天（審陽）で親戚の経営する旅館で働いていた。旅館を利用していた重次郎と結婚したが、工藤が4歳の時に離縁した。

5歳の工藤は父の指示で45年4月に母方の祖母、宮島かつに伴われて日本に引き揚ることになった。戦況はひどくなる一方で、釜山港についたものの門司港に向けての連絡船の出航はできない状況だった。米潜水艦が出没するとのうわさで、安全性が確認できるまで1週間ほど港の待合室で寝泊まりしていた。リュックに詰めたコメを近くの料理屋で炊いてもらって食べていた。無事、門司港に着いた後、空襲を避けながら夜行列車を乗り継いで11日がかりで父の兄がいる鹿角市まで向かった。その後、父は満州で病死したと聞いた。

学校では理科に興味

父の死後は祖母と一緒に母親の本籍地であった長崎県西彼杵郡高浜村に行き、祖母に育てられた。母は戦後、東京に引き揚げて日本料理店で働いていた。月々の生活費を祖母宛に仕送りしていた。

工藤は小学校の頃から理科が大好きで中学では物理、化学に興味を持った。中学校の時は理科の山本先生の助手をしていた。望遠鏡や顕微鏡をつくった。顕微鏡はレンズに水滴を使ったものでプランクトンを観察した。鉱石ラジオや真空管ラジオを作って、浪花節の好きな祖母に喜ばれた。山本先生の指導で県立長崎工業高校機械科に入った。校舎は爆心地に近いところにあり、校庭には大量のガラス屑が散乱していた。倉庫は爆風で捩じれた鉄骨が剥き出しになっていた。

卒業後の進路として日産、富士重工などにパスした。先生から石川島重工には工業高校時代に数学のよくできる先輩がいると教えてもらい、「石播なら勉強や研究ができるだろう」と思って58年3月に卒業と同時に入社した。高校時代から上京して働きながら夜間大学に通学する夢を持っていたので、定時終業が午後4時だった石川島に入社できたのはとても嬉しかった。3月25日に入社した。当時は土光敏夫社長で、本社前で記念撮影をした。入社後1ヵ月の新入社員教育が終わり、配属されたのは、佃島工場・豊州の設計事務所の風水力機械設計部圧縮機設計課であった。

アカデミックな職場環境

入社しても会社の寮には入らないで、通学に便利な文京区内の知人宅に下宿した。主に日大生相手の下宿をしており、日大ＯＢの会社員らもいて、夕食後はステレオやテレビのある座敷で、よく雑談をしていた。自然、その場に加わって神妙に話を聞いていたりした。安保闘争たけなわの頃で、春日町の大通りを行くデモ隊のシュプレヒコールが聞こえていた。政治の話にも及んだこともあった。ある時、工藤に対し、「君は賃金労働者である」といわれて、侮辱されたような気になり、「自分は会社員の一員だ」といって反論したこともあった。

設計課の先輩には日大や早稲田、都立大の夜学生もいた。部長は標準機械設計図表便覧の著者のＯ氏で日本機械学会の重鎮でもあった。課長もガス圧縮設計技術書の著作もあるＩ氏で、今から思えば、まだアカデミックな職場環境だった。新入社員には最初の１年間は残業させない方針だと聞いていたが、職場は午後６時から９時の残業が当たり前になっており、工藤だけが午後４時に退けるには随分気がひけた。

最初に参加した職場の慰安旅行では、課長を囲んだ雑談の席上、ある先輩が「労働者はいくら働いても会社・資本家に搾取されて豊かになれないのではないか」という疑問を投げかけたことがあった。課長は「それは考え方であって、一緒に企業に参加しているとすればよいではないか」という趣旨の受け答えだった。工藤は先輩の話がとても新鮮に思えてドキドキしたことを覚えている。働き始めて、職場や下宿など周囲のさまざまな人たちと話す中で、少しづつ社会の矛盾に目覚めはじめていたのだろう。

1年後に後輩が入社してくると、仕事上、何かと比較されるようになり、胃が痛くなって食欲が減退するようになった。休みに山に登ると、不思議なほど胃痛は感じなくなった。登山は単独行にのめり込むようになっていった。この頃、夜間大学に進むために入った予備校の授業について行けなくなり、3カ月で断念してしまった。なかなか、仕事との両立は難しかった。

山で知り合った2歳年上のY子と将来、結婚するために貯金を貯める必要があり、下宿生活から会社の独身寮に入ることにした。一部屋4人の相部屋でネズミが走り回る古い木造建築だった。そこで知り合った山好きの後輩が大菩薩嶺で行方不明となり、工藤も個人的に捜索活動に参加した。この時、単独行の怖さも認識した。捜索隊の石川島山岳会の会員の中に、石川島労組の青年婦人協議会の活動家たちがいたので、以後、青婦協活動に参加するようになっていった。

第一線から外される

63年、日本民主青年同盟（民青）に加盟した。民青が提唱した全国青年スポーツ大会（63年）の成功のために活動した。職場ではバレーボール購入を提案し、これが受け入れられて事務所の屋上でみんなと汗を流した。この当時、豊州に新設された独身寮（若潮寮）に移り、同寮の自治会発足のために会社・福祉課の干渉とたたかった。多くの寮生を訪ねて夜遅くまで人生を語り合った思い出がある。65年に日本共産党に入党した。

60年7月、石川島重工と播磨造船が企業合併をした。この頃、労組の職場代表である代議員に推薦され、一期勤めた。代議員会は毎回、共産党系の「はぐくみ会」と民社党系の「統一会議」の激論がたたかわされる状態だった。工藤はよくわからないこともあり、発言することはなかった。しかし、持ち前の正義感から労働者＝弱者、会社＝強者の立場を理解できたことは大きかった。もちろん、単純に会社＝悪者という考え方はしていなかった。

最初に与えられた仕事は先輩の指導を受けながら、空気圧縮機のフレームサイドカバーを鋳物構造から溶接構造への改造設計だった。これが製品化された時、佃島の機械工場まで見に行くことができた。その時はいい知れぬ喜びと誇りを感じた。入社2年目の60年には、700馬力水平対向型200気圧空気圧縮機の設計担当者に指名され、張り切って仕事に取り組んだ。これが完成し、発注先企業の現場で所定の性能を発揮し、無事完納した時は、設計中の苦労を忘れるほどの喜びに浸ることができた。

その後、機械プレス設計に応援に出されたりしたが、61年に標準化設計ができて、そこに所属することになった。しかし、この時、工藤は製品設計を担当する第一線の実務から「外されたな」と感じたという。標準化設計はいわば、設計のハンドブックづくり作りといえた。理論的な力も要求される仕事であると考えて、将来需要の予測にもとづいて関連機器の設計関数を求めるグラフなどを作り、さまざまな提案をした。

しかし、同じグループの先輩は「俺たちは外されたのだ。張り切ってやることはない」とクールに観察していた。先輩のいう通り、さしたる成果を上げないうちに課長から「東京第1工場（東1工場）検査課に行かないか」と内示してきた。工藤は即、「設計の仕事を続けたい」いって断った。部長に呼びつけられ「若いうちはいろんな経験をするのはよいことだよ」と説得してきたが、やはり断った。今度は勤労課に呼ばれ、「工事で海外にも行けるよ」などと数時間にわたって説得してきたが、「ここは頑ばるしかない」と思い、黙秘で通した。数日後、母親が会社から呼び出された。話を聞いた母親は寮にきて「無理するんじゃないよ」といって帰って行った。

職場では数日間、仕事を与えられなかった。工藤は抗議の意味を込めて鉢巻きをして仕事のない机に一日中向かっていた。検査課に行く日は休暇を取って寮で寝ていた。最初の仕事の時に世話になったA先輩が心配して寮まで訪ねてきてくれ、「一緒に検査に行こう」というので、これ以上、迷惑をかける訳にはいかないので、歩いて東1工場検査部まで行った。

発注先から高い評価

65年当時、東1工場は会社の製造する運搬機、産業機械の主力工場であり、両方とも検査課があった。工藤は産業機械検査課に配属された。課内は風水力機械や製紙機械などの機種別に班編成されており、風水力機械（送風機、圧縮機）班で外注部品の受け入れ検査、工場内での組み立て検査、納入先での据え付け、性能検査や引き渡しを含めた工事完了まで担当した。勤務は外注先への日帰り出張や納入先への2〜3週間にわたる出張が多く、設計の時のように職場の仲間と一緒に過ごす時間は少なくなった。

東1工場は、当時労働組合運動でも中心的存在で、工藤は職場代議員に立候補して当選した。勤労課は急遽、立候補させた職場の監視役のKは浮き上がった存在だった。ある時、組合活動の一環で労働金庫の火災保険加入募集ポスターを職場の壁に張りだしたら、K勤労課員が半長靴で飛んできて、ポスター前の事務机に足を乗せて踏んぞり返えって、「許可しない。はがせ」「勤務時間中に組合活動をしている」と怒鳴り声を上げたことがあった。工藤は代議員選挙の時にわざと出張に行かされ、投票ができないようにもされていた。まだ不在者投票制度はなく、出張先の労働者にストライキに入ったという電話を職場からかけると、さっそく勤労課がきて「時間中に組合活動をした」ということで、「処分をする」と脅かされたこともあった。

72年に圧縮機部門が呉工場に移った後に、職場の再編成があり、紙・プラスチック機械品質管理・サービス部ができ、工藤は品質管理課に所属することになった。79年9月の佃工場閉鎖に先がけて、前年の78年3月頃から紙・プラスチック機械の製造が福島県の関連会社や横浜工場への移動が始まった。これら地域への配転を希望しない者は豊州の回転機械工場（東京第3工場＝東3工場）品質管理部に一時的に応援に出されることになった。

工藤は東3工場の応援を希望した。応援先の工場長は工藤が設計課所属当時の課長だったY氏であった。部長は同じ職場でよく一緒に山に登ったS氏だった。そこでは関西電力向け6400kw送風機の性能計測試運転や中国向け輸出用蒸気タービンターボ圧縮機シリーズの検査担当として働いた。応援期間終了時に課長から工場内にある客接待用食堂で会食に招待され、「発注先から大変高い評価を受けた」と感謝された。

人工衛星の計測装置で社長賞授与

工藤は入社前より働きながら大学での学業を修得することを目標にしていたので、74年4月に調布市にある電気通信大学短期大学部電子工学科（夜間部）に入学した。3年のところを7年かかって卒業した。仕事の関係で1時限目の授業は間にあわず、友だちのノートを借りて勉強した。さらに、90年から99年まで10年間にわたって電気通信大学科目等履修生として在学し、統計数学、品質工学を中心に単位を取得した。

75年、宇宙部門拡充のスタッフや技術責任者を探しているというので、37歳の時に航空宇宙事業本部瑞穂工場検査部検査2課に異動することになった。84年に品質管理部宇宙検査グループと名称変更された。さらに、品質保証部宇宙品質保証グループに再度、名称変更された。安藤部長と一緒に夜の9時頃まで仕事を続ける日が続いた。仕事はやりがいがあり、充実していた。今から思えば一番よかった頃だ。試作人工衛星の姿勢を制御するガスジェットの角度に関する計測装置を開発、完成させた。エンジニアリングモデルでも10分の1程度だが、実際には100分の1の正確さまで計測できた。

84年12月に人工衛星等で用いるRCS（リアクションコントローラー）のアライメント検査装置の考案で、発明考案6級の社長賞を贈られた。同部署は最先端の知見と技術を駆使した検査業務に従事することから多忙を極め、妻の意見も参考にしてこれまでかかわってきた労働運動から距離を置き、会社業務に専念する職場生活を送るようになった。

しかしながら、この装置の運用について、85年9月に名古屋工場からKという男が工藤のアシスタントとしてやって来た。「仕事を教えてほしい」ということで、助手みたいな役割だった。如才がなく、Kは会社のやり方には批判的なこともいったりして工藤に合わせていたようだ。が、細かな話になると、辻褄があわなくなり、話をそらせてしまう傾向に気がついた。会社の借りあげ社宅に住んでいたようだ。やがて工藤は担当から外され、Kの下で働くことになった。

退職強要で人権擁護委員会に申立て

86年11月から7000人「合理化」のための人員削減の面接が始まった。工藤は退職勧奨を受けた。最初は11月25日であった。課長から呼び出され、退職を迫られた。退職を求める話を始めたのでメモを取ろうとすると、「メモをとるな。転職する気はないのか」というので、「辞める気はない」と答えた。2回目の呼び出しは、28日であった。今度は部長が「はっきりいって、あなたの仕事はなくなる。このまま居すわっていても困る」と強い口調で退職を迫ってきた。はっきり、退職強要を受けていると思い、「辞めない」ときっぱり返事をした。以後、部長と課長が同席したり、交互に入れ替わって退職を執拗に求めてきた。「早く結論を出してくれ。今後は少数精鋭主義でいかざるを得ない」「協力しないなら職場におれなくなる」「12月25日まで首をすくめてしのげば大丈夫だと考えていたら見当違いだ。会社は甘くない。やるといったらやる」等々「やめろ」コールが続けられた。

9回目の呼び出しでは、勤労課長、勤労部員も同席してきた。人事課長は「残っていてもろくなことはないよ」というので、「人権擁護委員会に訴えて出る」と言い返すと、大喧嘩になった。しまいには「協力しないなら、出向、配転もありうる」「国鉄の人活センターみたいに、便所掃除、草むしりも覚悟しなければならない」「工藤さんのことを卑怯者、裏切り者という人も出てくるでしょうねぇ」とまでいいだした。結局12月末まで、つごう12回に渡って部長、課長、勤労課が入れ代わり立ち変わり退職強要を繰り返した。

19日には小川末次の吊るし上げが行われた。工藤は「そういうことは、やめろ」と割って入った。工藤自身、門前で入れないようにピケを張られて出勤妨害を繰り返された。会社に批判的な活動家は誰しもやられていた。工藤には「出勤扱いにしてやるから来るな」という言葉すら投げつけてきた。もちろん、出勤しないなら欠勤扱いにされるし、新たな口実を設けてさらに退職を強要するのは目に見えていた。

工藤に対して会社は退職金を少々上積みして１２００万円で「自己都合退職しろ」と求めていた。妻は「こんなに安い退職金でやめても仕方ない」といい、「朝日新聞」に掲載されていた東京弁護士会の人権擁護委員会に救済を申し立てる東京工場の４人の労働者の記事を見せた。公務員の妻は工藤が表だって活動するのには反対であったが、会社の余りのやり方には批判的であった。工藤に対しても「そんな会社を早く辞めて福祉方面の資格を取れば、これからは高齢化社会だから役立つ」と勧めていた。が、工藤はこれまで誇りを持って仕事に従事してきたので、妻の意見には「バカにするな」と思った。それに会社には「追い出される理由は何もない」と腹を固めた。

12月21日、工藤をはじめ8人の労働者が人権擁護委員会に救済の申立てを行なった。日本共産党の参院議員を経験していた内藤功弁護士の世話になった。46歳の時だった。直後に工藤は工事担当から外された。これまで部内の回覧文書に印を押す欄が部長→課長→工藤という順番で29人を回していたが、工藤が印を押す欄はパートの女性の次となり、一番最後に回覧するように変更された。

社内電話帳から名前削除

87年1月、旅行会の幹事から「あなたは旅行会をやめてほしい」「『工藤さんと一緒に同席したくない』という人がいるからだ。やめるのが嫌なら旅行会を解散することにしたい」といわれた。工藤が「誰がそんなことをいっているんですか。はっきり名前をいってください」というと、「解散する」といわれた。

88年11月から90年10月末まで工事担当から外され、海外の検査技術に関する英文資料の翻訳にかかわる業務を担当させられた。上司は一切、作業指示をせず、放置したままであった。もちろん、工藤は再三にわたって元の業務に戻

すように求めているが、何の改善もされなかった。それどころか、社内電話帳から工藤の名前を削除し、通常の業務ができないようにしていた。今さらながら、「いくら仕事をしても、会社が気に入らなければ労働者には何だってやる」ということを思い知らされた。

ところが、会社にとって嫌が上にも工藤の助けを借りなければならないことが結構あった。例えば、人工衛星の専門に関するNASA（米航空宇宙局）関連のスペースシャトルに搭載する実験機器の評価であったり、日本の宇宙開発事業団などからの質問を会社が受けても担当者が答えることもできない場合が多かった。統計的な処理はできても計測にバラつきが生まれ、精度を知るための計算ができないために、どうしようもなくなり、「工藤、見てくれ」といってくる始末であった。元々、人工衛星の計測技術については「会社は引き継ぎをしておけば、あとは工藤がいなくてもグループの労働者にまかせておけばできる」と考えていたようだ。

石播では社長賞を贈呈された優秀な技術者でも、会社の意に沿わなければ、首切り対象にされてしまうということだ。会社は勝手なものだが、同僚への見せしめもあり、「恐怖管理」というようなやり方で徹底して差別をしてくる。1人の人間の生殺与奪権を活用してやってくる。良識、常識のある上司の課長や部長の中には「部下をやめさせて、自分だけがのうのうとしていることはできない」といって辞めていった先輩もいた。これでは会社として危うくなるばかりだ。

ただ、その中でも話の分かる上司もいて、「パソコンでワードやエクセルを勉強しておいたら困らないよ」とマニュアルを提供してくれた。努力家の工藤は仕事が与えられなかったので、その間に一生懸命ワードとエクセルの習得をすることができ、退職後は大いに役立った。

89年2月には東京弁護士会の人権擁護委員会が石播に対して8人の救済命令と是正勧告を出した。が、法的拘束力はなかったので、会社は労務政策を改善しなかった。工藤自身は活動を自粛して仕事に精を出してきたつもりであったが、会社は活動家としての工藤の評価を少しも変えていなかった。このため、職場活動家の仲間とともに、ふたたび労働運動に起ち上がることにした。職場ではさまざまな課題に関してビラを配付したり、労基署への申告活動に取り組んだ。石播労組の組合役員選挙には98年まで機会あるごとに支部委員に立候補し、95年と98年に本部大会代議員に立候補した。

工藤は職能等級制度が導入された当初から差別的な賃金・昇格差別を受けてきた。職能等級において72年から77年まで「標準者」は専門職ランクにあるのに、6年間にわたり執務職に据え置かれていた。その後の昇格も「標準者」に大きく劣る格付けが維持されていた。年間支給総額の比較では、72年以来86年まで一貫して「標準者」の80％前後の低額な支給にされていた。職能給では84年（当時44歳）に専門職3級1号に格付けされたが、翌85年に3級2号に昇格して以来、定年退職に至る00年まで15年以上にわたって留めおかれた。他方、工藤と比較した「標準者」は90年に「特別企画職」に格付けされ、格差は定年頃には70％ほどの開きに至っていた。

退職直前に裁判の原告に

多くの活動家は能力があり、仕事はよくできた。工藤も同様であったが、家庭的には苦労が多かったようだ。家族は低い給料で生活しなければならず、妻として夫の考えや生きかたを容認しながらも、厳しい現実の前に大なり小なり軋轢や齟齬が生じてしまうことは否めない。その家庭の事情もあるし、互いの考えが長い間に隙間が広がっていくことも多い。工藤は妻とは子ども2人を育ててきたが、妻は活動に対しては初めから批判的で、この頃には「活動をやるなら家を出てやってほしい」というようになっていた。親類筋も同様で何度も話し合いを積み重ねてきたものの、結局は別居を経て52歳で離婚する道を選ばざるを得なくなった。子どもは公務員である妻が引き取った。

工藤は「会社の理不尽なやり方は、家族やその周りの人たちにもしわ寄せがいき、不幸な思いをさせました。会社に批判的な考えを持つことで去らざるを得なかった上司や同僚なども広い意味での犠牲者といえます。自分たちのたたかいだけではなく、知らないところでさまざまな悲劇が起きていた側面も見ておく必要があります」という。

定年退職まであと1週間と迫った時、田無工場の渡辺鋼が「間もなく、東京地裁に提訴するので原告にならないか」と勧めにきた。工藤は以前から渡辺の指導性については「情勢を的確に捉えているし、活動スタイルも狭い労働組合主義ではなかった。柔軟な対応をしていたし、ここぞという時には、マスコミを通じて世論に訴えるなど、楔を打ち込むようなやり方はすごいなぁと思っていました」という。定年を迎える直前の00年3月中旬、最年長として人権回復裁判の原告として名乗りをあげた。ある課長は「とうとう、やったか」といってくれた。

工藤は以前から会社の理不尽なやり方をノートに記録してきた。裁判での陳述書や差別された時の資料も大事に保管していた。定年退職後の生活の足しにするため、建築環境衛生管理技術者の免許を取得した。現在は再婚した妻と飯能市で暮らしている。理科、物理、化学が好きなので今は遺伝子工学やホーキング博士の宇宙論の書物を読むのが楽しいという。地元の歴史にも関心が高く、秩父困民党事件を調べてるために、時間を見つけて歩いている。椋神社での困民党蜂起の時に、子どもだった女性が刀を届けにいったという体験話を直接聞いたりしている。「秩父の片隅には現在も事件の歴史が息づいており、貴重な体験ができて幸せだ」と満足そうに語っている。

松藤和夫

松藤和夫は父、小三郎、母、政子の長男として56年3月27日に埼玉県所沢市宮本町で生まれた。1歳上には姉、道子がいる。父は日産村山工場に勤めていた。

松藤は狭山工業高校機械科に71年に入学、74年3月に卒業した。就職先としては石播、横川電機、日立製作所、日本電子、小松製作所などから選んだ。機械科は自動車関係に行く生徒が多かった。担任の先生は小松製作所を推薦してくれた。石播を選んだのは、航空自衛隊入間基地での航空祭でジェット戦闘機を見て、ジェット機のエンジンにあこがれ、「すごい仕事があるなぁ」と印象深かったことが決め手になった。先生も勧めてくれた。丁度、石播田無工場が2次募集をしていたので、豊州で試験を受けて合格した。同期入社は41人だった。同じ高校から4人が石播に就職した。以後、同期入社の人たちと年1回懇親会を続けている。

74年4月に田無工場製造部開発工場課に配属が決まった。研削盤作業に従事することになった。新入社員教育では自衛隊に体験入隊させられ、2泊3日の教育が行われた。この体験入隊は、航空自衛隊浜松基地と海上自衛隊館山基地に分かれて実施された。学卒者も同じであった。76年まで2年間は開発工場課に在籍した。

インフォーマル組織の幹事に

当時、門前では日本共産党石川島支部の人たちが出勤してくる労働者に「新しい風」というビラをまいていた。そのことに関し、職場の上司である班長や職長、指導員が「共産党のビラなど受け取るなよ」と注意され、特に指導員は「共産党なんかに入ったら、仕事を教えないぞ」などと執拗にいわれた。松藤自身は右も左も政治活動には興味がなく、組合運動も積極的にやってはいなかった。言葉数は少なめで、実直な性格だった。

松藤が入社した時は、会社とその指示のもとに作られたインフォーマル組織とともに、それに協力する労組の三者によって、労働者の管理や支配体制を確立する時期と合致していた。入社4年前の70年10月にはインフォーマル組織の上部団体にあたる「石川島民主化総連合」（民連）が結成されており、それを受けて75年には田無工場全体の民連組織として「75連絡会」が作られた。瑞穂工場でも同年「楠会」が作られた。

そのもとで、さらに職場ごとに細かくインフォーマル組織が作られていった。松藤らが在籍する開発工場課の職場では「開友会」という名称のインフォーマル組織が作られた。全員が終業時間後に会議室に集められ、インフォーマル組織の説明が行われた。表向きは「親睦会」ではあるが、会則には「イデオロギーを持った偏った者は入会できない」と書かれてあった。各インフォーマル組織のブロック長は職長がやっていた。その下の班長のもとで、松藤には「幹事をやれ」と命令された。松藤は「入社して1年目なので無理です」と断ったが、班長は「君は若いから何ごとも経験が大切だ」といわれ、幹事を引き受けることになった。どうせ、親睦会だからという軽い気持ちもあった。

「開友会」の組織では、担当する行事はレクリエーションか教宣活動に分かれていて、どちらかを選ばなければならなかった。松藤はレクリエーションを選んだ。その役割は年1回行うソフトボール大会や野外でのバーベキュー大会、アスレチック大会などの世話が中心であった。

企業ぐるみ選挙の手伝い

76年に、翌年7月に予定されている参院選挙に石播労組委員長の経験がある民社党の柳沢錬三の後援会が組織された。他の職場のインフォーマル組織は国政選挙のために合宿をしたりしていた。松藤は上司から柳沢後援会への入会を強く勧められたが、最初は入らなかった。正直、後援会に入会して活動を行うほど関心はなかった。が、班長が「何故、入らない。幹事はみんなの代表だから入会すべきだ」と詰められ、入会せざるを得なくなった。

後援会に入ると「紹介者カード」という票読み用のカードを渡され、1人10人の紹介者を書いてくるように指示された。出さないとしつこく追及されることが分かっているため、親戚の人に頼んで名前だけ貸してもらって提出した。選挙が近づいてくると、田無市の市民会館で後援会決起集会が開かれ、仕方なしに参加した。紹介者カードをもとに支持拡大活動もやらされるようになった。班長が「君は休暇があるから、まだたくさんあるから行ってくれ」というので、断った。すると班長は「君は幹事だろう。

明日は休暇届けを出しておくから行ってこい」と強くいわれ、返す言葉をいい出せなかった。実質、業務命令といえた。

松藤は76～82年は精密工作課に異動した。仕事内容はジェットエンジンの補機部品の研削盤作業であった。その後、82年に瑞穂工場に異動し、修理工作部工作グループ（後に第一製造部工作グループに名称変更）で従事するようになった。最初、瑞穂に入った頃は研磨を教そわった。82年には日本共産党に入党した。共産党に入党して活動すれば不利になるのは分かっていたが、山口健司の誠実な人柄に惹かれた。周りにいた人たちのように上司にゴマをするようなことはせず、まじめに仕事をしていた姿が印象的であった。唯物論の本も勧められ、読むうちに社会の矛盾や仕組みが理解できた。

「はぐくみ会」に入ってからの松藤の言動は、会社側にとっては要注意人物として監視対象者になっていたと見られる。86年10月１日、８人ぐらいの釣りの会の連中が「もう松藤と一緒に釣りに行かないから。行くというなら会を解散するしかない」といって積み立て金を返しにきた。サークルや同好会に入っている活動家に対する排除の手口は共通していた。同14日には職長が勤務中に休憩室に呼び出し、「共産党に入っているのか」「そうなら考えを変えろ」と転向を迫ってきた。松藤は「考えておきます」と答えをはぐらかしておいた。

インフォーマル組織が除名処分

86年から造船不況が始まり、会社側は10月に労組に「緊急対策早期転職援助制度」の申し入れをしてきた。その内容は55歳以上に早期勇退制度、35～54歳以下には早期転職援助制度など余剰人員の削減計画であった。これに関連して相生工場から田無と瑞穂の両工場に大量の労働者が異動してきた。自主的に退職をしていく労働者は少なく、会社側は11月に入ってから強引な退職強要の面談を開始した。松藤は早期転職援助制度に反対していたので、職場訪問して、各労働者にさまざまな事情や要求を聞いて回った。

ある時、相生からきた労働者に共産党支部長のTを会わせたことがあった。「どうして相生から配転させられてきたのか」とか、その時の労働条件などの事情を聞いた。翌朝、相生の同僚は松藤に「創価学会と共産党は大きらいだ。なぜ、そんな人を連れてきたんだ。もし、つき合ったら〝村八分〟にされる」と怒りだした。同僚は職長に松藤とTのことを話したという。それでも、まだ同僚は「これからも付き合っていこう」といってくれていたが、夕方には「もう、付き合わない」といい出した。おそらく、職長から班長から厳しくいい渡されたようだ。

86年12月11日、I職長が松藤を昼休みに呼び出した。松藤は面談の内容を詳細に記録していた。以下、紹介する。S課長、I職長らの上司が松藤の将来をさも心配しているかのように振る舞っているのが実に面白いし興味深い。

職長　「『楠会』のブロック会議で君を除名することにした」

松藤　「何故、除名されなければならないのですか」

職長「それは会に反する行動を取ったからだ」
松藤「会に反することとは何ですか」
職長「相生から来たM君のアパートに友だちを連れて行くといって偽り、（共産党の）Tと一緒に工作しに行ったからだ。お前もその事実を認めるだろう。Mからも聞いているんだ」
松藤「それは頼まれて行ったまでです」
職長「いくら頼まれても断ることができなかったのか。断ることができないほどバカではあるまい。職場委員から聞いたが、横浜からきたAと付き合いがあるそうだが、Aも左の人間だ。お前は知っていたのか」
松藤「知りません」
職長「お前は山に行くのに共産党の人間と一緒に行ってるだろう」
松藤「そんなこと、誰と行ってもいいじゃないですか」
職長「もう、お前を『楠会』から除名する。組合のビラまきの手伝いや共産党を排除する行動を取れば、『楠会』会員として認めることにしよう。それができるか」
松藤「……」
職長「話はつかないので、今の状態では除名する」
松藤「考えておきます」
同12月12日午後、S管理課長に呼び出された。

課長「俺がどういう人間か知っているか。人前で話すのは苦手だったが、結婚式の席上300人を前にして話したことがある。『楠会』から除名されたことをどう思っているんだ。何も思ってないのか」

松藤「一方的に除名されたことで、自ら辞めたわけではありません。納得していません」

課長「M君の家にTと一緒に勧誘に行った事実を認めるな」

松藤「それは頼まれたからです」

課長「頼まれて勧誘に行くのは組織に入っていると思われる。そんな組織に入っていると将来はないぞ。俺は左翼思想の人間を更生させてきた。周りの人が口を聞いてくれなかったり、旅行や親睦会から排除されたりして、やっていけるのか。お前は、耐えられないと思う。どうなんだ」

松藤「わかりませんね」

課長「お前は職長からいわれたことについて何もしていないじゃないか」

松藤「残業はやっていますよ」

課長「会社に協力するということだ。お前は協力してないじゃないか。55歳以上が涙を飲んで辞めていってるんだ。本人はつらいと思いつつ、協力して辞めていっている。お前は何とも思わないのか」

松藤「あくまで本人の事情を尊重すると組合も認めているし、無理に辞めることはないと思います」

課長「会社に協力できる人間しか職場にいてほしくないんだ。会社は左翼思想の人間を一掃しろという方針なんだ。お前はそのことを知っているのか」

松藤　「知りませんね」
課長　「この際、転職してみないか。お前のためにいいと思う。職は俺が捜してくる」
松藤　「円高不況だし、中小企業も倒産しているから、転職は考えていません」
課長　「そんな気持ちだからいけない。お前は若いんだから転職して腕を磨け。どこへ行っても大丈夫だ。俺にまけせておけ。決して悪いようにしないから。そうだ。コスモに行かないか。社長に俺が話をつけてやる。会社の方針に従わないと転職しかないぞ」
松藤　「それは解雇処分にするということですか」
課長　「バカ。お前の態度があいまいだから、転職を勧めているんだ。どうなんだ」
松藤　「しばらく考えます」

対象外なのに転職強要

同12月15日午前、管理課長が呼び出した。
課長　「転職を考えてきたか」
松藤　「考えてきました。コスモに行きません。親も『どこに行っても大変だから石播にいたほうがよい』といいました」
課長　「お前はもっと素直な人間だと思っていた。会社はお前にいてほしくないんだ。みんな、お前なんかいない方がよいといっている。きょうは『退職届』を持ってきたから、ここに名前を書いてくれ。名前だけでいいんだ」

松藤「僕は35歳以下だし、対象外なので辞める気はありません。もう、このような話はしないで下さい。何をいわれても辞めません」
課長「35歳以下だって、お前みたいな人間はいらないんだ。転職しろ。割り増しもつけるから」（「退職届」を差し出す）。
松藤「何をいわれても会社にいたい気持ちは変わりません」
課長「会社にいたいなら、なぜ職長のいったことを実行しないんだ。職長は救いの手（共産党を辞め、排除することに協力する）を差し伸べているんだ」
松藤「……」
課長「お前は肝心な話になると黙ってしまうんだな。M君の件はどう落とし前をつけてくれるんだ」
松藤「……」
課長「最後に聞く。職長のいったことを裏切るんだな。会社に協力できないのだな」

松藤「それではいいますが、思想信条は認められていることだし、それを曲げようとは思いません」
課長「よくいった。あと10日あるから毎日、『退職届』を書くまで呼ぶぞ。職場に帰って仕事しろ」

自宅を訪問して両親に転職勧める

同12月16日午前、U職長に呼び出された。
職長「課長にどう答えたのか」
松藤「転職することもコスモにも行きません。会社にずっといます」
職長「俺が救いの手を出したにもかかわらず、俺を裏切ったのだな。課長がいうように転職したらどうだ。ここにいても、周りが相手にしないぞ。俺がおまえの立場なら転職するつもりだ。お前は将来何を考えているんだ。そんな気持ちで世の中渡って行けると思っているのか。転職するつもりがなかったら、両親を呼んで話してもてもいいんだぞ」
松藤「大人だし、自分の考えで生きていることだし、親を呼んでとやかくいわれることはないです」
職長「いくら、大人といっても世帯主は親父だろう。お前に何かあったら世帯主のところに行くんだぞ。ここはお前の転機だ。遅かれ早かれ、お前は辞めて行く身だ。親とよく相談しろ」
松藤「こう毎日、呼び出されて気分的に嫌だし、休暇をもらいたんです」
職長「それが甘いというんだ。お前になんか休暇をやろうと思わない。休みたかったら欠勤してでも休め」

同12月18日昼休み、S労組副支部長に転職勧奨を止めるよう要望した。

松藤「私は30歳にもかかわらず、課長、職長から転職や退職を迫られています。私は辞める気がないので、会社にそれを辞めるように申し入れてほしい」

労組「今回の制度は君も知っているように、35歳以下でも会社が認めた人に対しては転職を考えて辞めてもらう方がよいと思う。組合は制度を認めていることだし、会社に申し入れはできない」

松藤「組合は労働者の生活、雇用を守って民主的労働運動をめざすといっていますが、それでは雇用は守れないではありませんか」

組合「会社に対して批判的なビラを駅前でまいたりする人の雇用など守ろうとは思わない」

松藤「もう一度聞きますが、会社に申し入れをしてくれませんか」

組合「会社に申し入れはできない」

12月20日にはS課長とU職長が松藤宅まで赴いて両親に会い、「(息子さんには)会社を辞めていただきたい」といってきた。

父は当初プリンス自動車にいたので、日産との合併による労働争議を経験していた。プリンス労組は全国金属で、日産労組は会社系労組であった。父は職場で暴力の被害を体験していたので、息子には「会社を辞めろ」云々は一切いわなかった。ただ、「お前の信じる道を行け」といってくれた。母は「課長と職長が来てびっくりした。口ぶりからヤクザがきたのかな、と思った」といっていた。会社として息子に退職を迫るような大事な話をしに来ているのに、タートルネックのセーターを着てくる非常識さにもあきれていた。

松藤が退職強要に応じないので、瑞穂工場のインフォーマル組織「楠会」に属する職場のインフォーマル組織「親和会」が除名をしてきた。ほどなく「楠会」からも除名された。その年の年末の職場の納会で６人の班長が松藤を取り囲んで「お前なんか会社をやめろ」と吊るし上げをした。

「共産党の松藤と一緒にやるな」

年が明けて87年になると、活動家全体へのあからさまな嫌がらせが始まった。新年早々から謀略ビラがまかれた。例の「ヘチマの会（アカを落とします）」のビラだった。田無工場と同様に門前や構内のロッカー室にばらまかれていた。松藤は「やるなら堂々とやればよいのに。汚いことをするな」と思った。

２月にはバーベル同好会が昼休みを利用してトレーニングをしている最中に、Ｔ職長が来て「バーベルは危険物だ。（松藤の）私物をここに置かせるわけにはいかない。持ち帰れ」といい、「松藤は共産党だ。みんな、共産党の奴と一緒にやるというのか」などと大声をあげ、強引にトレーニングを止めさせた。その後、同好会の規約を作り直して松藤を排除してから、ふたたび同じ場所で練習を再開させている。バーベルができなくなったため、昼休みに将棋を始めたが、今度は「課が違うから来てもらいたくない」と断られた。

91年頃、昼休みに仲間と一緒にギターを弾いていたら、パートの女性たちが一緒に聞いて楽しむようになった。そのうち、パートの女性たちが来なくなった。あとで、聞くと職長が女性たちに「松藤は左の考えだから行かないように」といわれていることが分かった。

ある時、夕方から飲み会があり、珍しく班長に松藤が誘われた。缶ビールにポテトチップ。「楽しいだろう。向こうの会をやめろ」「みんなと一緒に楽しく飲めるんだぞ」といってきた。「何だ、懐柔か」と心の中で思ったが黙っていた。「姑息なやり方しかできないんだな」と、あとで笑ってしまった。

長時間、一人で危険作業に従事

松藤に対する業務上のいやがらせでは87年7月10日、職長に呼ばれて休憩室に行くと、熱処理のローカルヒーターの仕事を引き取るので、8月から作業をしてほしいとの説明を受けた。本来業務でないこの作業は、熱処理温度まで上がると保持温度時間までメーターを監視している作業である。通常は熱処理の担当部署は決まっていて、担当者が2時間交替で監視をしている。松藤に対しては1人で長時間（午前9時~午後9時まで）従事させた。トイレ以外は監視業務の継続を強要し、「お釈迦を出したら首にする」といってS課長は脅かした。「元の職場に戻せ」と抗議を繰り返したが、「業務だからやれ。嫌なら会社をやめろ」の一点ばりであった。

8月末にはグループリーダーが「今週は毎日午後9時まで残業し、土曜日は徹夜をしてほしい」といってきた。松藤はそんなことを続けていたら身体を壊すと思い、「そんなことはできない」というと、リーダーは「職長の了解をとっているから職長にいってくれ」という。U職長にいうと「仕事をしすぎてぶっ倒れはしないよ。ぶっ倒れるかどうか、俺が見てやるよ」と答えた。松藤は土曜日は午前零時まで残業して帰り、「今後はこのような勤務はできない」と強く職長に申し入れた。結局、88年3月まで工作グループに所属したまま、熱処理作業をやらされた。4月からようやく板金作業に戻ることができた。ローカルヒーターの仕事は元の熱処理職場に戻された。松藤への嫌がらせ以外の何ものでもなかった。

また90年2月から98年まで、振り替え出勤を伴う交替制勤務に従事させられた。残業や深夜業を中心にやらされた。夜勤は21時から翌朝6時まで、徹夜は8時から翌朝8時までの24時間勤務（休憩は2回）であった。深夜業で疲れて居眠りをしていると、職長が「品物をお釈迦にすればクビだ」と脅すことも度々だった。元の職場に戻せと繰り返し要求するものだから、「残業や徹夜を拒否するのか」といって、残業そのものまで取り上げてしまった。職制はとにかく、いじめの口実探しばかりしていた。夜勤については会社側でも意見が分かれていたようで、結局3ヵ月余りやらされた上で元の板金職場に戻された。

香典は書留めで郵送

会社とインフォーマル組織による職場活動家への差別の中身は同じであった。問題は労働組合がすべて認めていることである。実際、嫌がらせをしているのは組合員が多いので、労組の責任は免れない。会社行事もインフォーマルが取り仕切っているので参加させてもらえなかった。冠婚葬祭もそうで、仲間の親が死去しても連絡がなかったり、香典を一緒に受け取らず、1人で書留で送ったりした。先輩の定年退職を祝う会の誘いもなく、あとで当人から「なんで来なかったのか」といわれたりした。バカらしさを越えて異常そのものであった。同期の友だちにいうと、「まだ、そんなことをやっているのか」と驚き、あきれていた。

00年3月、田無工場の労働者とともに人権回復裁判の原告になった。その理由は労組は労働者の味方ではなかったし、「差別されたまま定年を迎えるのは悔しい」という思いが強かった。原告団の中では松藤が一番若かった。職場で提訴したニュースのビラをまいた。職制らは「なぜ、裁判なんかやったのだ」「差別なんかやってないだろう」といいがかりをつけてきた。勤労課にも不当な昇給・昇格の格差や会社の行事からの排除は違法だとの見解を明らかにするための提訴だと申し入れておいた。

時間をかけて信頼関係を築く

04年3月、松藤らは4年間の人権回復裁判で勝利和解をした。この結果、仕事上の差別や会社行事からの排除などはなくなった。他の原告の多くは定年退職を迎えたが、松藤は現役として仕事を続けている。困難

な中でたたかったことだけのことがあり、職場は大きく改善された。しかしながら、工場内の雰囲気や人間の感情は一朝一夕には改善されない面もあった。松藤もあからさまな嫌がらせを仕掛けてこられたら問題にするが、一定の時間がかかるのはやむを得ないと考えている。

会社行事の桜まつりや納涼祭には、声がかけられるようになった。インフォーマル組織の「親和会」の会員ではないので、別に会費を支払っている。新入社員歓迎会、新しい班長、職長歓送迎会、スポーツ大会、ソフトボール大会等々には参加できるようになった。これまでとは雲泥の差である。それでも、「バーベル同好会で一緒にやろうよ。もう差別はなくなったんだから」と誘っても、同期入社の人が「それだけは勘弁してほしい」と答えている。松藤は「同期入社で一緒に旅行したりしていたけど、やはり、はた目を気にしているんですね」と少し寂しげな表情で語っている。

飲み会に行っても「松藤さんは一次会だけだよ」といわれるし、ある人は「一緒に飲みたいけど、まだ壁があってね」と尻込みしているのが実情である。表向きだけだといわないまでも、仕方なく参加させているというのが実態ともいえる。株式総会でインフォーマル組織について質問すると、会社役員は「親睦会としてやっている」と答えている。会社としては、まだインフォーマル組織を解散させるつもりはないようだ。

しかし、変化もあった。裁判で勝利した年の04年11月に父・小三郎が死去した。この時には会社をはじめ工場長から弔辞が届けられた。もちろん、これらは会社の規定として行われていたが、職場活動家には規定通り運用されていなかったので、関心を呼んだ。

長い差別の歴史は、労働者同士を傷つけあい、お互いの心に大きな隔たりを作ってしまった。もちろん、今も松藤にあいさつをしない人もいる。冠婚葬祭や一定の付き合いはするようになったが、昇給・昇格の基準となる7段階の評価は最低のDで「他の人より劣っている」と「仕事が遅い」「改善提案を出していない」と主観的な理由で査定されている。裁判で勝利してうるさくいうので、一定面是正はせざるを得なかったが、まだ十分に徹底されていないのが現実である。ある職長が「休暇を取りすぎる」というので、松藤は青梅労基署に調査を求めたところ、勤労課が「休暇を取ることで、差別はしていない。仕事の内容で評価している」と答えている。パワーハラスメントも存在している。差別解消へのたたかいは、これからも続く。

05年10月頃、松藤は職場での嫌がらせによるストレスと疲れが契機になって鬱病を発生した。5カ月休職した。このため、田無工場を定年退職した山口健司が会社との病気療養の休暇を取らせるなど全般的に支援を行った。

松藤は86年の退職強要時代から「職場メモ」と題するノートで記録している。2冊分ある。鬱病の時は寝られなかったり、汗をかいたり、吐き気をしたりしている。今も1ヵ月1回の通院を続けている。「これまで頑張ってきたから定年まで働きたい。時間をかけて労働者同士の信頼関係を築き、職場で支持を広げて行きたいと思います。私たちのたたかいがなかったら、石播は今も差別が行われていたと思うから」と語っている。

渡辺　鋼

渡辺鋼は43年12月28日に静岡県沼津市で生まれた。2歳下に弟がいる。父、武は福岡市の大学で経済学を教えていた。が、50年のレッドパージを機に日本共産党員だった両親が相次いで非公然活動に入ったことや3年後に公然活動に戻った母、泰子が結核で入院したことなどで小学校を5回も転校した。1年生の時は福岡市で母と、2～3年生と5年生の時は母の実家のある沼津市で祖母と、4年生と6年生の時は東京・文京区で母と過ごした。

6年生の暮に父も公然活動に戻り、文京区で一緒に暮らすようになった。渡辺も弟も父親の顔を覚えていなかったという。戻った父は共産党中央委員会で経済政策などの分野で活動した。

労働運動を志して大学中退

渡辺は、東京で中学、高校を卒業し63年に早稲田大学理工学部建築学科に入学した。建築デザインに憧れていた。65年の授業料値上げ問題を契機に学生運動に参加し、68年に大学を中退して労働運動に入ることを決意した。学生運動はそれなりに評価していたが、理屈先行で自己満足に終わっている嫌いがあった。労働運動をやるからには、労働者にならなければならない。就職するには大学卒はむしろ邪魔になると考えた。

その年、父親が日本共産党から参議院議員（全国区）に当選した。渡辺は母が勤める出版社の仕事や労働組合活動の話にひかれた。その頃、日本の労働界では鉄鋼、全逓など大手労働組合の右傾化が始まっていた。政治革新の流れは上り調子に見えたが渡辺はこのままでは危ういと思ったという。

68年9月まず石川島播磨重工の造船部現業部門の求人を新聞で見つけて受験した。65年に石播の労組が会社の妨害に抗して日韓条約批准反対のスト権投票を行ったことに感動した記憶があり憧れがあった。入社試験は簡単な学科試験と健康診断と面接だった。その場で仮採用となり「必ず来てください」といわれてすっかり決まったような気になっていた。が、1週間後には不採用の通知が郵送されてきた。多分、身元調査で振るい落とされたのだろう。

履歴書は高校卒とし、学生時代の6年間は実際に働いていたアルバイト先や親類筋の企業名で埋めておいたのだが現実は甘くはなかった。それでも渡辺は新聞の求人欄を見てトヨタ、日産、新日鉄などの大企業の工場部門を手当たり次第に受け続けた。すべてその場で仮採用となったが、1週間後にはすべて不採用の通知がきた。大学での活動歴も父親の新たな肩書きも興信所が見逃すはずがなかった。渡辺の実家の近隣の家は何度も興信所の調査員が訪れたので気味悪がったそうだ。

人事部のミスで入社

4カ月ほどで27社を受験したがすべて不採用のまま年が明け、あきらめかけていた。69年1月、石川島播磨重工業田無工場（航空機部門）の現業部門の募集が目にとまり受験した。石播の造船部門からは不採用通知が来たのだから「駄目もとの最後の意地」だった。

筆記試験は完全にできた。出来すぎてもまずいと思い、わざと漢字の読み仮名を間違えて提出した。面接官が「優秀な成績だ」といい、父親の職業について聞かれた。「特別国家公務員で国会で働いている」と応じた。面接官は「国会の方ですか。ほう」といっただけだった。仮採用になったものの、どうせ1週間後にはまた不採用通知が来るだろうと思っていたが、ついに最後まで来なかった。

こうして渡辺は69年2月1日に石川島播磨重工業田無工場に入社した。25歳であった。籍は工場部門の資材課（倉庫の管理）であったが、配属先は事務部門の航空宇宙事業本部管理部外注課であった。入社してみて田無工場が航空自衛隊の戦闘機のジェットエンジンを生産するまさに軍事工場であることを知り、複雑な思いはあったがハラを決めた。見習い期間は3カ月で、問題がなければは5月1日で本採用になる予定であった。ゴールデンウィークが近くなると、先輩労働者の何人かがゴールデンウィークを休暇でつなげていた。本採用になれば休暇が取れるので渡辺も上司の許可を得てそうした。休暇を受理されると本採用が確実になるような気がした。「人生で一番待ち遠しいゴールデンウィーク」だった。

ところが、ゴールデンウィークに入る前日の4月28日午後3時頃、渡辺が「あと1時間」と時計を気にしていた時、上司の課長が「勤労課が呼んでいる」と伝えた。勤労課の応接室には勤労課長ら4人が固い表情で座っていた。

「君の経歴におかしいところがある…」と勤労課長。

「なんでしょうか」と渡辺。

いくつかの質問にはハラを決めて、履歴書に書いてある通りにできるだけゆっくり繰り返した。

そうこうする内に、午後4時の終業チャイムがなった。同時に渡辺は「これで失礼します」と席を立って、工場の門の外へ走り出た。勤労課員らは「待て」と叫んで事務所の玄関まで追いかけて来たが、門の外までは追って来なかった。

渡辺がかなり後になって先輩から聞いた話によると、田無工場勤労課はこの年の春闘の組合対策に追われ、すでに届いていた新規採用者に関する興信所の身上調査書の中で、少なくとも渡辺については見ていなかったようだ。試用期間終了の当日になって、調査書（多分学生運動の経歴や父親の職業など）を見てびっくり仰天して渡辺を呼び出したものの、下手なやり方をするとあとが面倒になるという思いもあり、強引な手段に出なかったのが実情のようだった。

連休に入ると嬉しさがこみ上げてきた。やっと自分の人生の舞台に立てたと思った。誰からも誘われなかったが勝手に中央メーデーの会場に出かけて、全造船石川島分会の隊列に加わった。そのころすでに石川島分会の全造船脱退にむけて会社側が激しく介入していることは夢にも思わなかった。

連休明けの5月7日、入門できないかも知れないと思い、身構えて出社したが何事もなく入門できた。しかし上司はオロオロしている様子だった。本社から大堀勤労部長が来ていたのだ。早速、勤労課に呼び出された。

勤労部長は渡辺をにらみつけ、開口一番「君は正社員として認めない」と大声でいった。

「どういう根拠があるんですか。3カ月の試用期間は終えています」。

何度も頭の中で準備していたとおりに反問した。

勤労部長は言葉に詰まり、「おまえの入社は何がなんでも認めない」と興奮気味に捨てぜりふを残して出ていった。すぐに力ずくで門の外に追い出されるのかと思ったが勤労課は何もしなかった。無事席に戻り、「入社成功」を確信した。

しかし、すぐに石播は動き出した。渡辺が発起人となって同じ日に本採用になった20人ほどの祝賀会を計画していたが、当日直前に不参加を表明する者が続出して中止せざるを得なった。いよいよ始まったと思った。一方、渡辺の経歴を見落として採用した勤労課長は、翌年の異動で鹿児島の工場用地を管理する閑職に飛ばされてしまった。

要注意の新入社員

本採用の日から「要注意人物」になった渡辺は、定年退職の日まで35年間一貫して資材調達部門（名称はいろいろ変わったが）に在籍した。渡辺の影響の拡大を恐れてのことであった。

74年に反共雑誌「全貌」（8月号）の記事のコピーがひそかに職場で回覧された。それは「大企業になだれ込んだ共産党――300名の巨大党組織を抱えた石川島播磨の場合」という特集の中で渡辺を「巧みに潜り込んだ党幹部の長男」として1ページ全部を使って「職場の不満や要求を巧みに組織するのがうまい。理論的に優れていて会社では手を焼いている。……渡辺が潜り込んだ手口は確かに巧妙だったといえる。…しかし…大企業にしてはいささかお粗末な労務管理である」などと紹介していた。

渡辺が防衛庁関係の仕事に就けられることは一貫してなかった。本気で防衛秘密を心配したというより、そうすることによって仕事の上でも要注意人物として烙印することが目的だったのだろう。

それでも82年頃に防衛庁関係の設備工事の担当者が多忙だったため、渡辺が急遽担当することになり関係の社内会議に出席した。が、すぐに担当を変えられてしまった。担当を指示した上司はひどく叱られたらしいと、渡辺のあとを引き継いだ同僚が教えてくれた。


渡辺は入社すると、すぐに「はぐくみ会」の職場活動家集団に参加した。田無工場の中心メンバーは十数人で渡辺とほぼ同世代だった。やがて渡辺も仲間たちについて石播労組東京支部の支部代議員（後に支部委員）などに立候補した。武蔵支部が東京支部から独立してからは支部執行委員や書記長などに毎回立候補してきた。その間、渡辺は仕事についても人一倍熱心に研究や努力を重ねてきたので、上司や同僚たちの評価は高かった。

70年代後半から人事考課、昇給・昇格などの差別だけでなく、仕事や職場行事にまで及ぶ差別を工場全体に広げるために、勤労課が執拗に仲間のいる職場に介入した。仲間は次つぎと職場や職種を変えられ、職場行事からも排除された。しかし渡辺の職場の上司や同僚たちは「渡辺の思想を認めるわけではない。渡辺をそんな扱いにしたら仕事が成り立たない」といって渡辺をかばった。おかげで渡辺は76年に昇格した。が、それが在職中最後の昇格だった。

明日が見えない日々

渡辺は「労働運動に青雲の志を抱いて」石播に入社し、翌70年に結婚した。71年に長男、73年に長女を得て、「個人的には幸せすぎるほど」だったが、憧れて入った石播の労組は入社直後から急坂を転げ落ちるように右傾化していった。

渡辺も仲間も徹底した包囲網の中で労働組合では末端の役員にすらなれず、サークル活動からも排除され、みずから買って出る世話役活動もことごとく封じられた。唯一の道は共産党の勢力拡大であったが、支持者を増やしても必ず異動や圧力でつぶされ、激しいつばぜりあいではあったものの後退を重ねた。国政で共産党の議席が「倍々ゲーム」で伸びていることが救いであったが、職場では気休めでしかなかった。明日が見えない日々にいらだった。

76年に東京地区の仲間23人が賃金差別是正を求めて都労委に提訴した。その時、渡辺ら（武蔵地区＝田無工場と瑞穂工場）も合流したいと申し入れたが断られた。「われわれは党活動がおろそか

にならないようにやる。君たちにそれができるか」、「われわれが勝利すれば君たちにも適用される。しっかり応援してくれればいい」といわれた。釈然としなかったが、自力で提訴する決心はつかなかった。

しかし、東京地区の都労委提訴だけではその後の77年の企業ぐるみ選挙も79年の大量人員削減も止めることはできなかった。渡辺は労働組合が労働者の人権を守らない以上、すべての地区で提訴してたたかわなければ勝てないと強く思った。そしてついに86年12月、石播労使は一体となって7000人もの労働者を強引に退職に追い込んだ。この7000人削減で職場は一変した。渡辺は「希望退職」の対象者とされ、上司から5回の面談で退職を迫られた。もちろん断ったが朝出勤してくると、連日門前でインフォーマル組織の数十人が入門をはばみ、「お前なんかの来るところじゃない」「帰れ、帰れ」などと罵声を浴びせた。

会社は7000人削減を達成した後も、渡辺らをさらに攻撃した。狙いは労働者に年休を取らせず、サービス残業を強要して元通りの生産を維持することだった。渡辺らが87年2月に「ドレイ工場化反対」を呼びかけるビラを門前で配布したところ、勤労課は渡辺に「会社を誹謗中傷した」として「厳重注意」をした。口では懲戒解雇に値するなどと脅したがそれを強行できる根拠は何もなかった。この時、インフォーマル組織はビラで「われわれは奴隷ではない。奴隷は（会社を）辞められないが、われわれは嫌なら辞められる」などとの苦し紛れの〝珍論〟を展開した。

〝職場八分〟

87年3月にはO課長代理（後に資材部長を経て、営業本部担当取締役）に呼び出され、「輸入グループの親睦会は解散した。みんな、あなたとは一緒に飲みたくないといっている。桜祭りには呼ばない」と告げられた。席に戻ると、いつの間にか机の上に親睦会解散を知らせるメモと会費の残り分1万８４００円が置いてあった。メモはすでにグループ全員の回覧を終えて、各人の印が並んでいた。渡辺を排除するためだけの形だけの解散だった。はらわたが煮えくり返る思いだった。ふと視線を感じて目を上げると同僚たちがあわてて目をそらせた。

Ｏ課長が排除を予告した桜まつりの当日、終業のチャイムが鳴った。桜まつりは工場の敷地内の桜並木の下で工場全体が集う会社行事である。それぞれの職場ごとにビニールシートを敷いて宴会をやる。渡辺が所属する資材部も十数人がかりで準備をしていた。家族や取引先の社員も呼ぶのに、幹事は渡辺を入れないという。

説明を求めると元労組支部書記長のＨ（労組支部書記長を退任後、渡辺対策で資材部に配属され、後に課長に昇進）や労組支部委員のＴ（資材部から選出、後に企業ぐるみ選挙で田無市議に当選）、労組会計監査のＵ（同じく渡辺対策で資材部に配属され、任期半ばで課長に昇進）が待ち構えていて、「あなたは嫌われているんだから、仕方ないだろう」「好きな者同士でやるんだから、あなたも仲間と勝手にやればいい」などといった。彼等は資材部のインフォーマル組織の幹部であった。

当時はインフォーマル組織による暴力事件が頻発していたので、口論になると危険だと思いロッカーに戻って帰り支度をしていた。そこにAさんが待っていたらしく、小声で「ひどい話ですね。頑ばってください。これ、みんなで食べてよ」といって、大きなイカの生干しが3枚入ったずっしりした紙包みをくれた。渡辺は心底救われた気がした。お礼の言葉も十分にいえず、桜まつりに向かうAさんの後ろ姿に何度も頭を下げた。

工場の門を出て自転車で会場がフェンス越しに見える道を走った。会場は鮮やかな紅白のまん幕が張りめぐらされ、職場ごとに机に酒や料理が並べられていた。昨年まであの中にいたのに今こうしているのが信じられない思いだった。この悔しさを決して忘れまいと思った。

返された1万8400円は財布に入れる気になれず、そのままカバンに入っているのを思い出し、お金を何かの形に残しておこうと思い、田無駅前で妻に腕時計を買った。たまり場には排除された仲間が集まっていた。Aさんからもらったイカをあぶりながら一杯やった。辛い思いを支え合う仲間の存在は本当にありがたかった。

この年の8月末には納涼祭が開催された。渡辺は排除が繰り返されないよう、事前に課長、部長、部のインフォーマル組織の会長にも参加できるように頼んだ。工場全体では10年も続いている会社行事からの排除による「見せしめ」をここでどうしても止めたかった。

しかし、部長までが「好きなもの同士でやるのをとやかくいえない」「君はみんなから嫌われているからだろう」「嫌われないように、謙虚に自らを改めろ」「何をどう改める？　そんなことは自分で考えろ」などという始末だった。

インフォーマル組織の幹事たちは「みんなが嫌がっているのだから、仕方ないだろう」「理由はうっかりいえない。いろいろ書かれて利用されたら困る」「覆水盆に返らずというだろう。もうだめだ」などと好きなようにいい立てた。

これで会場に行けばいやな思いをするのは目に見えていたが、逃げるのはもっといやだった。ところが、急に雨が激しく降り出して納涼祭は中止になったので渡辺は正直ほっとした。

異様な仕事納め

年末の仕事納めの日は、どこの職場も午後3時頃から清掃を始め、終わると終業のチャイムが鳴る前から酒とつまみが出て仕事納めが始まる。他の職場では賑やかに始まっているのに、資材部だけは何の動きもなかった。終業のチャイムが鳴り、みんなぞろぞろとロッカー室に行くので渡辺もロッカー室に行って着替えていると、みんなは着替えてから職場に戻るではないか。迷ったが少し遅れて職場に戻った。職場は電気が消えていたが、奥の応接室に明かりがついていた。「仕事納めまで排除するのか」と思うとこの1年のことがよみがえり、身体が震え、自分の歯ぎしりが聞こえた。

思い切って応接室のドアを開け「私も入れてください」といった。40人ほどの部のほぼ全員が2列の長テーブルの両側に向かい合わせで4列に並んで立っていた。みんなは一斉に渡辺を見たが、誰も何もいわなかった。正面ではインフォーマル組織の会長が挨拶をしていた。渡辺はハラをくくって中に進み、入り口から二列目のほぼ中央に立った。乾杯の準備の合図があり、みんなは紙コップにビールを注ぎあったが、渡辺には紙コップはなかった。テーブルの隅に置いてあった紙コップを見つけて自分でビールをつごうとした時だった。労組の支部委員のTが「待て、それはみんなのビールだ」と大声をあげて、ビール瓶を持った渡辺の手首をつかんだ。それでも渡辺が「みんなで仲よくやりましょうよ」といいながらビールを注ぐうちにTの手が離れた。コップを持って周りを見ると、本社から異動してきて間のない女性が目を丸くして見ていた。多分、職場の事情がまだ飲み込めていなかったのだろう。同僚たちは目が合うのを避けた。管理職は見て見ぬふりをしていた。

突然、「どろぼう猫には、ただ酒を飲ましてやれ」という大声が響いた。元労組支部書記長のHだった。渡辺は怒りがこみ上げてきたが、黙っていた。一瞬の沈黙があった。誰かが気を効かして「乾杯」の声がかかった。数人が嫌に大きな声を張り上げて「乾杯」といった。渡辺は宙を見ながら乾杯した。気がつくと、渡辺の周りには人がいなくなり、両隅に固まっていた。10分ほど所在なく立っていたが「これで失礼します。よいお年をお迎えください」と小声で挨拶をして外へ出た。部屋の中から「ションベン（小便）して早く帰れ」という大声が聞こえた。

「俺は何をやっているのか」

86年暮の7000人削減が始まった時、資材部輸入グループにいた渡辺は米国のアリソン社やゼネラル・エレクトリック社製のガスタービンエンジンの輸入を担当していた。突然O課長代理がこの仕事をやるといい出した。O課長代理は新しく始まった5カ国共同開発の旅客機エンジン（V2500）の部品調達の業務で多忙を極めていたので、新しい担当を受け持つことは常識では考えられないことだった。理由を尋ねると、日頃温厚なO課長代理が「理由を説明する必要はない」と横を向いた。

これを機に渡辺の仕事量は3分の1に減り、翌87年になると次つぎと仕事が無くなった。この年は仕事からの排除と並行してすでに述べた職場行事からの排除が進行した。また、工場門前でのビラまき妨害や小川末次への吊るし上げに対してようやく反撃に転じた年でもあった。渡辺ら職場活動家にとって気力も体力の搾り出すような日々が続いた。

年が明けた88年1月末、渡辺は妻と別居した。学生運動で知り合い高校教員をしていた妻とは分かり合っているつもりであったが、どうにもならないほど溝は深くなっていた。自分のことばかり考えていた報いだった。が、素直になれず妻を殴ってしまった。妻は出て行き、高2と中3の2人の子どもは家に残った。中3の娘は高校受験が目前だった。娘がどこの高校を受けるのかも知らない父親だった。以来、毎日定時の午後5時に会社を出て5時半に家に着き、夕食の支度をしてから仲間のたまり場に駆けつけた。以前から利用していた食材の宅配業者にできるだけ簡単なものを毎週注文したが、レシピを見てもわからないことが多かった。午前6時半には家を出るので飯を炊き、〝主菜らしきもの〟を作るのがやっとだった。

帰宅はいつも深夜になった。子どもたちは寝ていた。学校にちゃんと行ったのか、1日どう過ごしたのかを聞くこともできないまま、翌朝はまったく仕事のない8時間を席に座り続けるために出社した。「俺は何をやっているのか」、「いやこの道しかない」と自問自答を繰り返す毎日だった。そんな辛さよりとにかく子どもらに最低限のことをしようと思う気持ちのほうが先だった。しかし後日、子どもたちが「お父ちゃんが一人ではかわいそう」と思って家に残ったことを知った。

〝透明人間〟

90年2月の人事異動で渡辺は資材部内に新たに作られた企画業務グループに所属することになった。輸入担当者が入手した海外ベンダーのカタログをファイルし、必要なデータをパソコンに入力することが主な業務となった。しかしそれは罠だった。カタログは月に数件しかなく、一日中じっと席に座っているだけになった。精神的にも肉体的にも終わりの見えない苦しみが始まった。大声で叫びだしたくなる衝動がしばしばあった。一時間ごとにトイレに行き気持ちを切り替えた。インフォーマル組織の監視役がついて来て様子をメモしていた。

しかも仕事上必要な業務連絡や各種会議の議事録、経営情報等の回覧物も回って来なくなった。回覧先リストの渡辺の欄はあらかじめ斜線で消してあった。渡辺は職場に存在しながらも、存在を一切認められない〝透明人間〟であった。これが退職まで14年間続くことになる。

新しく上司になったT課長（後に資材部長を経て、本社資材本部担当の執行役員）はその執行役だったが、親しい者には「仕事をやらせるなというなら勤労課が渡辺を引き取ってほしい」などとしばしば愚痴をこぼしていたという。

この年の8月の納涼祭も、相変わらず幹事が参加を承認しなかったが、渡辺はビール2本とコップを自分で持参して新しく上司になったT課長にビールを注ぎに行った。仕事の取り上げで緊張した関係ではあったが、多少でも話をしてみたいと思ったからだ。ところがT課長は「いらない、いらない」と手を振って取り合わなかった。隣りにいた部長にも「どうぞ」といって注ごうとしたが、そっぽを向いたまま「いらない、いらない」と手でコップに蓋をしてしまった。その隣りにいた労組支部会計監査から課長に昇進したばかりのUが部長に助け船を出して「部長、ビールはもう飽きたでしょう。焼酎にされますか」といった。

教養も見識もあるはずの管理職たちがこのありさまであった。あとで思えばこの時、彼らは渡辺を〝透明人間〟に仕上げる計画に着手したばかりだったから、どうしても酒を受けるわけにはいかなかったのだろう。

渡辺が会場を20分ほどぶらついて戻ってみると、周囲の桟敷は宴たけなわだったが、資材部の桟敷はすでに片づけられ誰もいなかった。翌週の月曜日に出勤してみると、渡辺の椅子の上に渡辺が桟敷に残した栓の空いていないビール瓶が1本置いてあった。渡辺が持ち込んだビールも排除の対象にされているようだった。渡辺はそのビールを退職するまで職場の机の一番下の引き出しに保管していた。退職後の今も処分できずに保管している。

百年河清を待つのか

労組執行部に一人でも当選すれば差別を中止させることができるのではないか、そうすれば職場も変わるのではないか。そんな思いで渡辺も仲間たちも懸命に努力してきた。しかし、仲間に推されて労組武蔵支部の執行委員に立候補していた渡辺の得票率は86年9％（241票）、88年5・2％（130票）、90年4・6％（115票）と年を追うごとに低下していった。

それは10年来の反共労務管理の結果であった。当時はすでに人事部、労組、インフォーマル組織のもとですべての労働者が監視され、労組役員選挙の投票の秘密すら守られなくなっていた情況のもとで（後に「ZC管理計画」が明るみに出て、人事部は労組役員選挙を労働者の思想調査の絶好の機会としていたことが明らかになった）、労働者が役員選挙で安心して自由な意思表示をすることは不可能だった。石播の特異な状況下で役員選挙を通じて労働組合を変えることも不可能に近かった。

「百年河清を待つのか」――酒を酌み交わしながら冗談めかしていう小川善作（元全造船機械労組中央執行委員、その頃まで「職場の自由と民主主義を守る中央連絡会議」事務局長を務めていた）の一言は千金の重みがあった。不可能なことを漫然と続けることはもはや職場への背信であり人生の浪費であった。残された道は2つあった。1つは労働組合を作って解決する道、もう1つは裁判で解決する道だった。

当時、仲間の合意を得やすいのは裁判だった。

渡辺らは裁判を想定して準備を開始した。職場活動家の賃金が異常に低いことは石播が毎年作成している「標準者」賃金のデータと比較することで立証できる自信があった。すでに10年前からそのための資料を丹念に収集していたからだ。問題はその賃金の差が思想差別によるものであることの立証が必要であった。石播自身が差別をしていることを公式に表明することはない。ならば、いい逃れのできない事実を積み重ねて立証するしかなかった。

石播が差別を本格的に開始した70年代には上司らが「活動に参加したら損だ」などといって労働者を「説得」する事例はたくさんあった。が、すでに差別が定着した80年代に入ると、こちらが黙っている限り当然のこととして差別が続いた。「差別に泣きごとをいわず党活動を頑張れ、頑張れ」「差別は勲章《くんしょう》だ」という一部の中心的な党員たちがこれを助長していた。

たとえば「行事排除などはたいしたことではないから気にするな。排除される本人にもスキがある」とする傾向も根強くあった。行事排除だけでなく職場生活の日常のなかで絶えず繰り返されるさまざまな差別――会社が募集する安全標語や改善提案の表彰の選考対象から除外されることも公然の秘密だった――に直面し悔しさを抱え続けている活動家たちにとって、それはさまざまな「気休め」をもたらし、結局差別に対する抵抗力を麻痺させていった。

行事排除は排除される本人が行事参加の意思を放棄すれば苦痛はとりあえず解消できる。しかし、職場の労働者にとって見せしめの構図はまったく変わらないのだ。

渡辺らは差別に耐えるだけでなく攻勢に転じた。まず行事排除については毎年毎回励ましあって会社の管理責任を追及した。会社はインフォーマル組織と排除される職場活動家個人との間の問題だから会社は関知しないと逃げ続けた。が、会社行事や職場行事は単なる個人的行事と異なること、少なくとも会社には管理責任のあることを否定できないところまで追い込んだ。こんな当たり前のことを三鷹労基署に何度も訴えて確認させるまで、4年もかかっていた。

それでも会社は排除中止を指示することは「インフォーマル組織への介入になる」として逃げた。そこで会社に抗議するだけで終わりにしたら何も変わらない。会社は初めからやる気がないのだから自分たちで解決するしかないのだ。

反撃開始

91年4月の桜祭りが近づいてきたので、渡辺は昼休みに事務所の中央に立ち大声で訴えた。

「みなさんにお願いがあります。今週末に恒例の桜祭りがあります。私も楽しみにしている者の一人です。私の場合はここ数年、みなさんが会費を出し合って準備される席に入れていただけず、大変残念な思いをしております。親睦の席ぐらいは分け隔てなく過ごしたいと願っております。ぜひ、私からも会費を取っていただいて参加させてくださるようにお願い致します」（表向きは会費を取らないから入れないということになっていた）

この前日に勤労課に出向いて桜祭りでの排除をなくすように要請していた。応対したT勤労課員は「それは会社にいうことではないでしょう。あなたが職場のみなさんにお願いしなさい」と答えた。だからこそ渡辺はあえてこうして訴えたのだ。案の定、勤労課は渡辺を呼び出し、「無届け演説（懲戒解雇条項）に該当する。二度とやるな」と厳重に注意した。

「あなたがいった通り、みなさんにお願いした。これがだめならどうしろというのか」と反論したら、勤労課の担当者は答えられなかった。それは行事排除の推進者は自分であると認めたのも同然であった。このとき渡辺は裁判でたたかっても勝てると予感した。

91年から92年にかけて石播は「会社再建」を口実にサービス残業、時間内の清掃、休暇の取得制限などをいっそう強行した。7000人の人員削減を成功させた反共労務管理の手法で労働基準法違反の暴挙を開始したのだ。渡辺らは三鷹労働基準監督署に申告してもウヤムヤにされたが、それでも繰り返し申告した。そのさなかに田無工場を訪れた三鷹労基署の次長を工場が酒肴の接待をしたことが明るみに出た。渡辺らは三鷹労基署と田無工場の癒着を痛感していたので、三多摩民間大企業労働者懇談会から40人ほどの支援を受けて、三鷹労基署に抗議した。この時も田無工場の職長、班長ら（インフォーマル組織幹部）が三鷹労基署前で渡辺たちの行動を監視していた。

こうした一連の経過を92年8月の労組執行委員選挙に立候補した渡辺がビラや演説で明らかにした。これに対し、T勤労課長（後に本社人事部長を経て人事担当取締役）が渡辺を呼び出し「会社を誹謗・中傷している。就業規則違反だ」「君の質問は認めない。こちらの質問に答えなさい。これは業務命令である」と迫った。渡辺は呼び出し自体が労組役選への介入だとして一切答えなかった。T勤労課長は「事情聴取に協力しないのか。業務命令だ」「従業員には誠実義務がある。君は極めて不誠実だ」「組合がどうであれ、会社は事情聴取できるのだ」と、刑事ドラマの鬼刑事気取りだった。

2度目の呼び出しでTは「渡辺、そこへ座りなさい。配布されたビラは会社を誹謗中傷した。よって厳重注意する」と一方的に〝宣告〟した。渡辺が反論すると力まかせに机をたたいて「黙れ、お前の意見は聞いていない」と怒鳴り、「もう終わりだ。席に戻れ」と打ち切った。

T勤労課長が労働組合役員選挙で候補者としての発言に対してここまで介入することは、石播の労組選挙に対する介入の証拠として自信を持って裁判に臨めると渡辺は確信した。また労組支部も渡辺を呼び出し、会社と同様に「厳重注意」を申し渡した。労組支部も会社への盲従ぶりを自ら証明してくれた。

92年10月には三鷹労基署は、「接待事件」のガス抜きのつもりだったのか、91年に申告していた年休取得妨害やただ働きなどについて石播田無工場に行政指導を行った。この結果、田無工場では3日間をかけて全課長と全職長、班長に再教育が行われ、「年休取得促進キャンペーン」が始まった。嫌がらせのために年休取得率が最低だった職場でも、自由に休暇届け用紙に記入できるようになった。事情を知った労働者のからは「よくやってくれた」という声が寄せられた。

ところが、石播は93年3月に渡辺ら4人に対し、会社を誹謗したとして「厳重注意」を行った。行政指導を受けたことに対する報復であることは明らかであった。4人は当然、申告者に対する報復を禁止する労働基準法104条の2に違反するとして改めて三鷹労基署に申告した。石播は三鷹労基署に対し、

「厳重注意は一般管理上の軽微なもの」と説明していい逃れた。「厳重注意」は乱発すればするほど空疎で滑稽なものになった。

渡辺らが攻めれば攻めるほど石播は馬脚を現した。それらは労働者の権利を守る活動を石播が敵視していることを示す証拠であった。困難はあっても自分たちがあきらめなければ必ず勝利できると確信した。

新しい展望

同じころ石播は別の内部問題を抱えていた。石播労使が強引に進めた思想差別によって職場の自由闊達な発言が封じられ、教えあい、高めあう職場風土が破壊されたからだ。そのツケはほどなく高速増殖炉もんじゅのナトリウム流出事故（１９９５年）、H２ロケットの打上げ失敗（１９９７年）、本四架橋工事７人死亡災害（１９９８年）など、石播製品の品質や安全の急速な低下となって現れた。

あいつぐミスや事故の根底には反共労務管理があった。裁判を決意した渡辺らは一時的には「会社をつぶす気か」と批判され、社内で孤立を深めても社会的な支持を得て勝利する道を選んだ。それはみずからへの思想差別を単なる被害者の立場ではなく国民の安全を守る立場でたたかう道であった。

95年に熱海で開催された第6回大企業・関連労働者交流集会に、造船重機産業の分野から参加した三菱重工、石播、川崎重工、三井造船、日立造船、日本鋼管、住友重機械など約50人は造船重機連絡会の結成を申し合わせた。このなかで渡辺らは小川善作（元・職場の自由と民主主義を守る中央連絡会議」事務局長）、久村信政（全造船機械労組三菱支部書記長）、坂本明（川崎重工争議団長）らとともにそれぞれの思想差別撤回のたたかいを造船産別闘争として共同で取り組むことを確認した。そこにはそれまでの渡辺たちには思いもよらない大きな展望があった。

第5章　人権回復裁判と勝利和解

人権回復裁判の準備開始

石播における差別とのたたかいの歴史は長い。第３章で触れているが、東京地区の職場活動家23人（裁判中に１人追加され24人）が賃金昇格差別の是正を求めて都労委への提訴に踏み切ったのが76年９月25日であった。85年１月には東京第１、第２工場の計４人の労働者が本人の事情を無視して田無と瑞穂工場に配転させられたため、不当労働行為、労働契約違反、人事権の乱用で配転命令の撤回を求めて東京地裁に提訴した。また、88年１月には出向拒否の５人が懲戒解雇されたため都労委に提訴した。その他、仮処分申請事件等があるなど、反共労務支配をめぐる事件の係争が相次いだ。

これら３つの事案に対し、98年９月25日に中央労働委員会の仲介で一括解決がなされた。東京地裁に提訴した４人の不当配転については、その後、原告・弁護団と会社側弁護団が話し合い、中労委の２事案と一緒に解決をはかることになった。24人の賃金差別是正は22年ぶり、４人の不当配転撤回は14年ぶり、５人の解雇撤回は11年ぶりに解決をみた。３事案に限らず、さまざまなたたかいの積み重ねによって勝ち取った成果ということができた。しかしながら、たたかいとしては解雇争議の解決に重点を置かざるを得ず、賃金差別は不十分さを残した上、当事者だけの解決にならざるを得なかった。肝心の差別全般は温存されたままであった。職場活動家の中には「火種が残った」という表現をしている。

田無、瑞穂両工場で働く職場活動家は、98年の和解にもとづき活動家全般に対する賃金差別の是正をはじめ、思想差別の根絶と女性差別の是正を強く求めたが、石播は要求を無視し、会社・職場行事や冠婚葬祭からの排除を続けた。会社は3事案は3事案として限定した対応を行った。このため、職場活動家の間では「職場における人権回復闘争」こそ今後のたたかいの中心課題と位置づけるため、労働基本権（団結権、団体交渉権、団体行動権）を行使した運動も踏まえながら提訴にむけての準備に入った。

「リベンジではない。会社と労働者を救うのだ」

渡辺は提訴にあたって、昇給・昇格差別を是正させる賃金闘争を主体にして解決金を勝ち取っていくこれまでの狭い範囲の労働条件闘争から一歩も二歩も踏み出して人権や平和（軍需産業の戦地派遣問題等）、社内に民主主義を確立させていく課題を視野に入れたスケールの大きい裁判闘争を展開する戦略を描いていた。

さらに、「もの言えぬ」職場環境が長期間にわたって続けられていたため、「会社のためなら」嘘や不法行為も「成果」とみなす「誤った愛社精神」が助長されていた。橋梁談合は悪いことと知りながら、30年余りも平然と続けられたのもその一例であった。こうした職場環境は熟練労働や技術軽視につながって、職場の士気やモラルの低下となり、もんじゅのナトリウム漏れやH2ロケット打ち上げ失敗、さまざまなトラブルとミスの発生を必然的に生じさせてきた。これらの実態を明らかにしていくことが会社全体を変革していくことにつながるとの確信を持った。「リベンジではない」「このままでは、会社も労働者も駄目になってしまう」という危機意識が底辺にあったからである。

田無、瑞穂両工場の活動家は、東京工場の職場活動家とともにたたかうために、多くの活動家に原告になってもらえる呼びかけを行った。東京工場の職場活動家の中には、武蔵の活動家とともにたたかう意思を示した人が何人かいた。争うべき裁判所も東京地裁に決めた。ところが、東京工場の共産党幹部は会社と争って勝ち目があるのかないのか、どのぐらいの期間を要するのか、そのためのエネルギーはどの程度さかれるのか等々の見通しと党の選挙活動や機関紙拡大、党員拡大等の日常活動に支障が生じないためのバランスを重視していた。従って、党の上層部の意見も聞いた結果、「提訴するだけがたたかいではない」といった消極論が主流となっていった。結局、原告としてたたかう意思表示をしていた労働者は説得されて、誰も原告として起ち上がらなかった。

これには田無、瑞穂工場と東京工場の温度差があった。航空宇宙事業や防衛庁関係の業務に係わっている田無、瑞穂に対し、東京は造船、橋梁、クレーン、産業機械などを製作しており、会社の労務政策としては田無、瑞穂の方が格段に厳しい。「アカはつくらせない」と公言してはばからなかった田無の初代工場長の意向は続けられていたし、何よりも渡辺の存在が決定的であった。そういう会社の対応の違いが共産党の両支部の対応の違いにもなっていったことは否めない。さらに、共産党の指導ルートも東京工場は中央委員会直属に対し、田無、瑞穂工場は東京都員会経由で該当地区委員会の指導になり、共産党と石播の両支部との関係においても東京と田無、瑞穂の関係においても違いが生まれてくるのは仕方がないように思われる。

当初は9人の原告で提訴

武蔵地区の共産党支部は20人近く在籍しており、当初は提訴に全員が賛意を表明していた。「勝てる見通しはなかったが、このままやられ損で退職していいのか」「人生、こんなもんで終わってたまるか」「やらないで後悔したくない」といった言葉を互いにかけあった。議論の末に渡辺鋼、石井浩、山口健司、鈴木京子、小野益弘、清水幸一（以上、田無工場）、工藤龍太郎、松藤和夫、手塚孝夫（以上、瑞穂工場）の9人が原告となった。それでも党支部としては全員が原告にならないまでも、裁判闘争は全面的に支援することを決めた。

全員が原告にならなかったのは東京工場の影響もあったし、渡辺の考え方ややり方に反発している活動家も何人かいた。渡辺は第4章をはじめ、本書全般で登場している通り、武蔵地区での石播の闘争や原告団の団長として職場活動家の要の役割を果してきた。従来の労働運動にありがちな活動家ではなく、テロ特措法にかかわる軍需産業の動向を見極めつつ世論に訴えて自分たちの運動を有利にたたかう術を考えたり、株主総会で会社の経営方針や差別の労務政策を明らかにするなど、ここ一番の政治的感覚はするどく、強力なリーダーとしての評価も高いものがあった。

渡辺の考え方に批判的意見をいっても反論されてしまい、十分に納得しないままで不満が蓄積されていった傾向も無きにしもあらずであった。渡辺自身、「活動家に対してどこまで納得のいく話や指導ができたかのかは、今から思えば不十分ことも多々あります。丁寧な根回しも必要であったかも知れませんが、でも方向や行動は間違っていなかったと確信しています。差別とたたかわなければ何も解決できません。いろんな理由や口実を設けて批判する人はいたけど、世論をバックに意義を広く呼びかけてたたかわなければ活路は開けなかったでしょう。たたかう中でこそ、共産党への支持も信頼も広がっていくし、職場で自由にものがいえるようになったと思います」という。

00年3月24日の東京地裁での人権裁判は、前述のごとく9人の原告で提訴した。しかしながら、被告の会社側も9人の原告の言動をよく調べていた。そのターゲットになったのは清水であった。もともと清水は何かと渡辺らの方針に異論を挟んでおり、工場門前のビラ配りの時でも、会社の職制の前で渡辺らの行動に文句をいったりしていた。それを職制らがニヤニヤして見ていたこともあった。清水は裁判後、昇給が1級上げられた。清水はそれを理由にしているわけではなかったが、02年2月には原告を下りた。訴えられていた被告の会社側も了解した。

手塚も原告を下りたがっていた。が、被告側はなかなか認めず、法的手続きに時間がかかったために、途中から出廷もしなくなるなど消極的姿勢となって裁判闘争を事実上放棄した。手塚はもともと東京工場出身で、東京の活動家の影響を受けていたのではという見方もある。また、武蔵、東京、横浜の3地区が連帯していた「明日への会」が提訴の翌年の01年の総会で、全体の7割を占める東京の意向で人権回復裁判支援を活動方針から外してしまった。その場では正式な説明はなかったが、「重大な意見の相違」が理由であった。原告団にとってはまったく、背後から「闇討ちをくらった」思いであった。従って、04年3月の和解勝利までたたかったのは7人の原告であった。

「ZC管理名簿」の書証提示

係争中の裁判では口頭弁論で、石播の歴史から反共労務政策の内容を明らかにし、原告が経験してきたあらゆる差別と職場からの排除と嫌がらせ等の事実の立証を重ねてきた。が、石播側は答弁書等で「その主張は否認する」「その主張は不知」を連発し、まともに対応しようしない上、裁判を「①本件をいずれも棄却する。②訴訟費用は原告らの負担とする」――判決を求める立場を貫いていた。正直、裁判はあまり進展していなかった。

裁判が大きく動き出したのは、2年半を過ぎた2002年11月からであった。第1章で紹介しているように、渡辺は99年末から00年夏ころにわたってほぼZC関係の秘密資料の提供を受けた。02年10月20日には「朝日新聞」が「ZC管理名簿」の存在とZC（ゼロ・コミュニスト）の意味を明らかにする報道を行った。国会でも日本共産党の衆参両院の議員が11月7日と15日に「ZC管理名簿」の違法性を追及した。

裁判は、11月11日に第8回弁論準備手続きが予定されていた。準備手続きは民事裁判の場合、口頭弁論を円滑に進めるための提出資料の説明や打ち合わせが多い。原告側、被告側がそれぞれ裁判官と協議したり、原告、被告双方が出席して行う場合もある。原告は7月には弁護団にZC関連文書を裁判の書証とすることで相談していた。ZC関連資料は、原告・弁護団にとっては〝天からの授かり物〟といえる第１級の証拠資料であった。

入手したＺＣ関連の秘密資料を分析すると、72年の職能等級制度導入に合わせて「ＺＣ管理名簿」を作成していたことが分かった。その頃の会社側の動きを見ると、当時は土光敏夫社長（後の中曾根首相の臨調行革の中心メンバー）が采配を振るっていた。

今から思えば、66年に本社勤労部（後の本社人事部）のもとに労務調査グループを置いて以来、労働者の思想調査を組織的、系統的に行うようになったことが差別の極秘スタートとなった。各事業所の労働福祉部や工場勤労課は、日本共産党員またはその支持者ではないかと疑わしい労働者に対しては、社内外のさまざまな協力者、機関を使って退社後や休日の尾行などによって、その行動、交友関係、講読書籍、新聞、雑誌、寮の場合は郵便物の差出人チェック、参加する集会やデモ、サークル活動、家族関係を含めた健康状態まで調査を行った。社内では職制機構、職場に設置されたインフォーマル組織や労組を活用した。社外では公安警察などと緊密な情報交換を行い、場合によっては信用調査会社を使って職場活動家のブラックリスト作成に乗り出した。

68年には東京第１工場の鉄鋼工場課で職長らが発起人となってインフォーマル組織の「五月会」が結成された。思想差別と見せしめによる嫌がらせが始まり、田無工場の山口健司が69年４月に昼休みに配付した春闘アンケートを勤務時間中に配付したとして出勤停止３日の処分を受けた。５月には横浜工場の五十嵐富士弥の配転拒否に対して懲戒解雇（88年東京地裁で和解、懲戒解雇撤回）を行った。各職場単位でインフォーマル組織が相次いで結成され、東京第１工場では工場全体による「東１サークル協議会」

として公然化した。9月には東京地区の職場代議員を会社派がほぼ独占した。そして70年11月には石川島分会定期大会で全造船機械の脱退を決定した。12月には名古屋造船分会も全造船を脱退した。71年10月には連合体組織の石播労連から石播重工労組に組織変更を行い、単一化された。

72年5月には職能等級制度が導入され、職場活動家に対しては恣意的に査定され、賃金、昇格差別が実施された。さらに仕事上の差別を行い、サークルから活動家を排除した。また、新設された副技能長への教育が盛んに行われた。ZCは日本共産党員とその支持者と見なした労働者を企業内から撲滅、一掃することを目的に対象者をリストアップし、「ZC管理名簿」と名付けた。人事、勤労関係では〝ゼロコミ〟と呼ぶようになっていった。

ZC計画の目的は、職場活動家を徹底した差別と排除、嫌がらせをすることによって、他の労働者への影響力を抑えるとともに、会社の施策に忠実な労働組合を育成、維持するためであった。あとは、眼鏡のかなった労働者の中で〝健全派〟という名のイエスマンを育成して、会社幹部の思うがままの運営に乗り出せばよいと考えた。元労務関係者によると、ZC計画と呼ぶようになったのは70年代に入ってからで、当時は品質管理の「ZD＝ゼロ・ディフェクト：欠陥撲滅）運動」が取り組まれていたことから、それをもじって「ZC」と呼ぶようになったという。

差別を行う仕組み

ＺＣ計画の元締めである本社人事部は、全事業所に出先機関である地区労働福祉部および工場勤労課を置き、全社の労務管理を直接指揮している。人事部員の考課・昇進は、事業所などに配属されている者も含め、事業所から独立して取締役である本社人事部長の権限で行われる。労務管理に携わる人事部員は、会社の同期入社のトップグループに査定され、選良的集団として結束している。要するに超エリート集団である。また、本社人事部は事業所の管理職を含む全従業員の考課査定に強い権限を持ち、圧倒的な情報網に支えられて役員会でも強い発言権を持っている。従って、工場長よりも勤労課長の方が人事、労務関係については優位に立っていた。部長や課長といえども、勤労課のやり方を批判すれば会社の労務政策を批判することになり、左遷させられるのがオチである。労使一体の反共体制の下に労務管理を実施し、リスクマネジメント（企業危機管理）の中心に据えた。系統的に反共労務管理のための研修を行い、以下に示すような会議を通じて会社内に徹底を図っていった。

会社情報連絡会

全事業所の労働福祉部、工場勤労課の次席が召集される。次席は課長を補佐し、労務管理を直接推進し、情報収集活動の要人を担っている。この会議で、日本共産党員の動向、対策などの詳細な情報交換が行われ、「ZC管理名簿」を全社に徹底した。

次席会

99年に「会社情報連絡会」は発展解消され、次席会が発足した。「ZC管理名簿」に職場では収集できないような地域活動などの情報があるのは、公安警察との情報連絡によるものである。00年11月9、10の両日にわたって墨田倶楽部で開かれた次席会では、粟井人事部労働管理課長が冒頭挨拶で「公安との情報連絡がうまくいっているか再度点検していただきたい……」と述べているくだりがある。

会社人勤長会議

全事業所の労働福祉部の部長、課長、および工場勤労課長を人事部長が召集して年に数回開催される。人員削減計画や賃金体系の見直しなどの「合理化」施策の具体化、ZC計画などを推進する。

ZC・リスクマネジメント人勤マン教育

「ZC・リスクマネジメント」を主題にした「若手人勤マン教育」が毎年実施されている。参加者は、各事業所で次席の下で労務管理を担っている入社数年の労働福祉部員、勤労課員である。人勤マンとは、人事・勤労部門に携わる者を指す社内用語である。教育では、労務管理の歴史や日本共産党に関する情報、新入社員に対するレッスンプランを参加者一人ひとりに作成させて人勤マンとしての自覚を促している。

重層的な労務管理

一方、重層的な労務管理として、地区労働福祉部、工場勤労課は、本社人事部の指揮のもとでＺＣ計画を柱とする労働組合支配の労務管理を行っている。この要であるインフォーマル組織の育成援助のため、各地区労働福祉部は本社経理グループの承認のもとに、年間およそ３００万円の特別労務対策費（会議費、１５０万円、交際費１５０万円）を使用している。

人担課長連絡会

人担とは人事担当の略で、事業所によって労担（労務担当）とも呼ばれている。各部から課長が1名任命され、毎月開催する。これによって、各部に直接に労務管理の指示をしている。

人担スタッフ連絡会議

事務・技術系職場の各部から1名のスタッフ（担当者）が任命され、毎月開催する。各職場のインフォーマル組織の責任者を任命することによって、企業の正式な会議において直接、インフォーマル組織に労務管理の指示ができるようにしている。労働組合役員選挙に関する指示も行われる。

職長会、班長会とインフォーマル組織

地区労働福祉部、工場勤労課は工場ごとに職長全員が加入する職長会、および班長全員が加入する班長会を組織している。地区労働福祉部、工場勤労課が職長、班長の任免権限を持つため、職長や班長の上司である課長や部長であっても、職長会や班長会の運営に関与できないようになっている。これが、本社人事部が工場に直接に労務管理を徹底できる組織的保証になっている。

さらに、職長会、班長会は、そのままインフォーマル組織として活動する。田無職長会は「絆の会」、田無班長会は「みのり会」というように、名称だけ変えてインフォーマル組織となっているが、会長や三役など役員体制、指揮系統はまったく同じである。

人担職長連絡会

地区労働福祉部、工場勤労課は、職長会の中から人担職長を任命し、課長を通り越して、直接、毎月召集している。人担職長に限らず職長は、職区においてインフォーマル組織の責任者（または事実上の指導者）を務めているから、この会議が工場部門のインフォーマル組織に対して労務管理の指示を行う場になっている。会議の内容は職長会を通じて全職長に徹底される。

人担班長連絡会

地区労働福祉部、工場勤労課は、班長会の中から人担班長を任命し、課長や職長を通り越して、直接、毎月召集している。この会議は職場インフォーマル組織に対する指示の場となっているのは職長連絡会

と同様である。

労組中央役員を召集

地区労働福祉部は毎年、「中堅社員連絡会」や「中堅社員研修会」と称して労組中央委員を召集し、正式な労使協議の場でなく、会社業務の場に集めて労務管理の方針を伝えている。

会社行事（桜まつり、納涼祭）を利用した差別と見せしめ

石播では各事業所で名称はさまざまであるが、春の桜まつりや夏の納涼祭を会社行事として実施している。第３章で紹介したように、会社行事は職場活動家に対する陰湿な見せしめの場に活用されている。

賃金昇格差別

石播の賃金制度については、第３章「労務政策による職場差別の実態」で概略を紹介している。賃金制度の実際は、一定の枠内で職能賃金制度を伴う年功賃金制度と職場活動家を対象にした差別賃金制度の二本立てとなっている。

91年の賃金制度の一部改訂で技能系の上級技能職への昇進年齢を、それまでの33～34歳を30歳前後に早めたことに伴い、93年に昇進遅滞者に対する救済措置が取られた。この時、人権回復裁判の原告の山

口健司（当時50歳）、手塚孝夫（同47歳）は上級技能職に昇進したものの、大きく開いた賃金格差は是正されなかった。石井浩（同52歳）、小野益弘（同48歳）、松藤和夫（同41歳）は昇進すらなかった。事務・技術系の救済措置も行われたが、鈴木京子（同51歳）は通常22歳で到達する執務職3級にようやく昇進させたが、是正とはほど遠いものであった。また、工藤龍太郎（同53歳）、渡辺鋼（同49歳）については、昇進させせなかった。

01年4月の時点では、原告の場合、それ以前に退職した者、退職時における職能等級に到達した年齢は高卒の同年齢者の過半数が到達する年齢と比べて、長い者で鈴木が29年遅く（表参照）、短い者で松藤が4年遅くなっている。さらに、ようやく現在の職能等級に到達したあとも、長い者で石井が27年据え置かれたまま定年となり、短い者で小野が4年据え置かれている。因みに、工藤は11年、山口は8年、鈴木は8年、渡辺は19年、松藤は15年、手塚は5年据え置きとなっている。こうした極端な昇進の遅滞を合理的に説明できるものは何もない。唯一、あるのは石播の差別政策だけであり、特異な労務管理によるものである。

女性差別

86年の男女雇用均等法の成立に伴い、男女別の賃金テーブルを廃止して一本化したが、実態はそれまでとほぼ同じ状態で、女性のほとんどが執務職に据え置かれ、30歳代になると賃金は男性の60％程度であった。女性の仕事を庶務などに限定し、あたかも仕事のレベルに対応した格差であるかのように見せかけている場合と、原告鈴木京子の場合のように男性と同等の仕事をさせながら、大きな格差をつけている場合があった。これらは、明白な女性差別であった。

97年における田無工場の大卒以外の事務・技術系上級技能職の職能等級の分布を男女別にまとめた。女性の大半が20歳代で退職していることを考慮して、男性の大部分が専門職に昇進する25歳以上で比較しても、男性の７割近くが企画職に昇進している一方で、女性は８割以上が執務職に留まっている。このような格差を男女差別以外で説明できない。鈴木京子の賃金と職能等級は、こうした女性差別に加えて職場活動家であるがゆえの差別を受けているため、さらに低く抑えられている。

賃金差別累計額一覧表

集計期間＝1985年４月～2000年３月　（単位＝円）

	原告の氏名	原告の賃金総額（A）	標準者の賃金総額（B）	賃金差別額総額（B-A）
1	工藤龍太郎	81,125,600	108,024,400	26,898,800
2	石井　浩	67,867,700	87,270,900	19,403,200
3	山口 健司	69,026,800	88,627,300	19,600,500
4	鈴木 京子	55,244,700	64,651,400 106,842,000	9,406,700 51,597,300
5	手塚 孝夫	64,288,300	83,778,700	19,490,400
6	小野 益弘	65,115,800	86,287,500	21,171,700
7	渡辺　鋼	75,615,900	101,567,600	25,951,700
8	松藤 和夫	56,356,400	65,548,200	9,191,800
		534,641,200	685,756,000 727,946,600	151,114,800 193,305,400
			賃金差別累計額合計－１	151,114,800
			賃金差別累計額合計－２	193,305,400

注）合計１は原告鈴木の標準者を高卒女性とした場
合計2は原告鈴木の標準者を高卒男性とした場

仕事上の差別

本社人事部、地区労働福祉部、工場勤労課は先に述べた重層的労務管理機構を駆使して管理職、職長、班長に対し、職場活動家の処遇に関して「ことごとく差をつけろ」「係をやらせるな」「活躍させるな」「仕事を教えるな」「得意な仕事を取り上げろ」「昇格させるな」などと具体的に指示している。86年の7000人「合理化」からは、あからさまに差別を拡大した。この頃、班長らは「㊀に何事においても差をつけてやる」「㊀が持っている技術は早く自分のものにするよう指導する」「㊀に残業させない」などと決意を述べている。石播は日本共産党員を指す隠語として「共」の字を○で囲んだ「マルキョウ」を使用していたが、このことが法廷で露見したために90年以降は単に「○」とした。

人権回復裁判では、インフォーマル組織による職場行事や冠婚葬祭からの排除、暴力行為と迫害、小川末次吊るし上げ事件、工場入門妨害、ビラまき妨害・ビラ強奪事件など、第3章で述べてきた事案が法廷で明らかにされた。そのために「ZC管理名簿」は、ナチス・親衛隊のユダヤ人狩りを思い浮かべてしまうような監視と管理の体制と仕組みによって、職場活動家に限らず全従業員を管理するために最大限活用されてきたことになる。提訴時点では勝訴する確信があった訳ではなかったが、裁判では石播の行ってきた労務政策の実態が余すところなく明らかにできたのは大きな意義があった。

ＺＣ管理名簿にもとづく「個別管理計画」

以上のような差別を行う上で「ＺＣ管理名簿」の果たしてきた役割は大きい。全社次席会などで名簿が点検、交流、補強され、毎年更新していく。戦後の思想信条の自由と労働者の団結権を保障した憲法、労働基準法、労働組合法などに照らしても違反する重大な犯罪であることは明らかである。しかも、「ＺＣ管理名簿」は、その後の資料の入手や分析を通じて、管理対象者の個人別ファイルを作成している情報が入手できた。管理対象者ごとに「活動の記録」やさまざまな個人情報をファイルするのが作成者としては至極当然である。職場では「ブラックリストに載ったらおしまいだ」とささやかれていた根拠はここにあった。しかしながら、まだこの時点では、「個別管理計画」（第６章で記述）の全容は分からなかった。

東京地裁は会社側に和解を提案

原告側による「ＺＣ管理名簿」の書証に対し、東京地裁は２ヵ月後の03年１月10日の第９回弁論準備手続きで石播側に「和解」を提起した。原告側は「これは勝った」と正直思ったという。それほど「ＺＣ管理名簿」はインパクトが強い裁判資料であった。原告・弁護団としては10年裁判を覚悟していただけに、勝利への確信を持てた。裁判官が原告・弁護団の陳述がすべて正しかったことがＺＣ関連資料から裏付けられたからこそ、解決に向けて会社側にどう対処するかの選択を迫ったことになる。２月24日には原告側が裁判所に「全面和解要求書」を提出。３月14日から原告弁護団と被告弁護団の代表者による第１回和解協議が始まった。和解協議は翌04年３月22日の和解成立まで12回行われた。その間、平行して原告・弁護団と会社側との自主交渉が８回にわたって行われた。

裁判で和解勝利成立

提訴から丁度４年目の04年３月22日。東京地裁（多見谷寿郎裁判長）は、日本共産党員、支持者だということの理由に賃金・昇給・昇格差別を受けて、石川島播磨重工業を相手に約３億４０００万円の損害賠償を求めた８人の原告に対し、最終的に和解することで「思想差別をしないことを従業員に徹底する」ことを約束させた。被告・会社は過去の賃金や解決金として計１億６８００万円余を支払うことで合意した。８人の原告には85年に逆上って昇給し、過去の差額賃金１億４７０万１７１３円を支払うとともに、解決金６４００万円を支払う約束をした。これで40年近く続いたあらゆる差別は全面解決の方向に向かうことになった。「職場に憲法の風を吹かす」たたかいの画期的な勝利となった。

和解条項

1　甲・乙事件被告（以下「被告」という）は、甲・乙事件原告（以下「原告工藤」などという）らに対し、ZC管理名簿が存在したこと、したがって、これに基づいて原告らに対し差別的な人事が行われたと疑われてもやむを得ないような状況であること、を認め、原告らが苦痛を感じたことに配慮して、遺憾の意を表明し、今後この種の文書を社内に存在させないこと、原告らに対し差別的な人事管理が行われないことを確約する。

2　資格・賃金の変更、および過去の差額賃金相当金の支払いについて

（1）等級の変更

被告は、原告小野、原告手塚、原告松藤に対し、同原告らが次のとおり昇級したものとして扱うこととする。

①原告小野は、昭和60年に上級技能職1級、平成3年に同2級、定年時に同3級相当職。

②原告手塚は、昭和60年に上級技能職1級、平成3年に同2級、定年時に同3級相当職。

③原告松藤は、昭和60年に技能職4級、平成3年に上級技能職1級、平成16年4月にT職2級。

（2）賃金の変更

被告は、原告小野、原告手塚、原告松藤に対し、平成15年度のそれぞれの基準賃金が別表1のとおりであり、平成16年度の基準賃金がこれを被告所定の手続きにより賃金更改した金額であることを確認する。ただし、原告小野については、満58歳に達したため平成16年1月から基準賃金を90パーセントにして支給し、原告松藤については、平成16年4月からT職2級に伴う増額支給をすることとなる。

（3）過去の差額賃金相当金の支払い

被告は、別表2氏名欄記載の各原告に対し、過去の差額賃金相当金としてそれぞれの差額合計欄記載の金額（総合計1億4７０万1７１３円）の支払義務のあることを認め、これを平成16年4月20日限り、三井住友銀行立川支店の原告らの代理人「三多摩法律事務所　弁護士　平　和元」名義の普通預金口座に振込送金する方法で支払う。

3

被告は、原告らに対し、解決金として６４００万円の支払義務のあることを認め、これを平成16年4月20日限り、三井住友銀行立川支店の原告らの代理人「三多摩法律事務所　弁護士　平　和元」名義の普通預金口座に振込送金する方法で支払う。

4

再発防止について

被告は原告らに対し、次の措置を講じることを確約する。

（1）被告は、従業員に対する思想差別、性差別、不当労働行為を行わない。このことをコンプライアンス・ガイドを配付して全従業員に指示する。

（2）被告は、担当課長以上の社員、人事担当者や職班長に対しては、特に本和解の1項の趣旨を踏まえて再発防止のための教育を行う。その具体的な方法については、別途覚書を取り交わす。

（3）被告は、株式会社アイ・エイチ・アイ　マリンユナイテッドに対しても同様の措置を実施するよう求める。

5　被告は、原告らから和解内容の履行状況について疑義を申し出る場合には速やかに協議の場を設け、問題解決に向け誠実に対応することを確約し、その窓口を担当勤労課長とし、その権限を超える問題については武蔵総務部ないしは本社人事部の権限ある責任者が対応にあたるものとする。

6　原告らと被告は、本和解の成立について次のとおりとすることを相互に確約する。

（1）被告は、幹部社員及び原告小野、原告手塚、原告松藤の上司に和解の事実及び和解内容を伝え、再発防止を指示する。また。和解の事実とその要旨を全てのライン長に伝えて、会社行事・職場行事における全員への声かけを職場内に徹底させるなど再発防止の措置を取る。

（2）原告が支援団体関係者に和解内容を告知することは妨げないが、その他に公表する場合は、その内容は、本件訴訟の事案の概要と和解成立の事実、和解内容の要旨として被告が原告らに対し遺憾の意を表明し、公正な人事管理を行うことを確約したこと、コンプライアンス・ガイド教育を実施し、職場で一部従業員が疎外させることがないように働きかけること、原告らの職能等級を変更し、過去の差額賃金と和解金を支払うことを合意したとの限度に止める。

7　原告らは、その余の請求をいずれも放棄する。

8　原告らと被告は、本件に関し、本和解条項に定めるほか何らの債権債務のないことを相互に確認する。

9　訴訟費用は各自の負担とする。

以上

覚　書

東京地方裁判所平成12年（ワ）第5974号事件および同裁判所平成15年（ワ）第8020号事件について本日成立した和解に関し、同事件の原告工藤龍太郎、同石井浩、同鈴木京子、同山口健司、同渡辺鋼、同小野益弘、同手塚孝夫、同松藤和夫（以上を総称して「原告」という）と被告石川島播磨重工業株式会社（以下単に「被告」という）とは、次のとおり覚書を締結する。

1　被告は、ZC管理名簿A級登載者から差別の訴えがあった場合は、早急に調査し、本和解の精神を踏まえて誠実に対応する。この場合の手続きは和解条項5項と同様とする。

2　和解条項4項（2）を受けて、被告は、コンプライアンス教育の実施に際し、本件和解の趣旨を十分に反映させるための適切な方法を取ることを確約し、その方法として原告ら作成の別紙「会社および従業員がやってはならない差別の事例、および差別に対してとるべき会社および従業員の態度」の記載を含むパンフレットを作成・配付することを検討する。

3　被告は会社行事、及び職長・班長を含む職場の大半が参加するすべての職場行事には、全員に声かけをさせることを徹底する。

4　被告は、上記3の全員への声かけを励行していない従業員及び団体には便宜供与をしない。

5　2ないし4項について、和解条項5項と同様の扱いとする。

以上

平成16年3月22日

上記原告ら代理人弁護士　　平　和元　印

上記被告代理人弁護士　　吉澤　貞男　印

会社および従業員がやってはならない差別の事例

会社と従業員は、憲法に定める基本的人権を尊重し、いかなる差別や嫌がらせも行わないことはもとより、労働関連法令ならびにその精神を尊重しなければなりません。そのため、やってはならない行為を以下に例示しますが、これにとどまるものでないことはいうまでもありません。

1、女性であることを理由に、補助的な業務を続けさせ、資格や賃金を低く抑える。

2、思想、支持政党、労働組合活動、およびインフォーマル組織の活動への協力度を理由に、仕事（業務従事資格の付与を含む）、資格、賃金などで格差をつける。

3、合理的な理由がなく、本人の意思に反して、仕事を取り上げる、極端に少なくする、席や執務場所を隔離する。

4、仕事上のミスや行き違いを口実に、みなの前で大声で非難・罵倒する、始末書や反省文を要求する、つるしあげる、社内規定にない私的制裁を加えるなどで、精神的または肉体的に苦痛を与える。

5、合理的な理由がなく、仕事や安全衛生などの教育・研修、または社内公開講座などを受けさせない。またこれらの開催や募集を知らせない。

6、合理的な理由がなく、会社の福利厚生制度の利用を制限または拒否する。

7、会社行事、職場行事、および日常の職場の交友において、特定の従業員を無視、嫌がらせ、排除を行う。

またはこれを働きかける。

8、合理的な理由がなく、会社体育文化会所属サークルへの入会を拒否する、退会を求める。

9、「話をすると同じに見られるから損だよ」などの忠告・助言という形であっても、結果的に特定の従業員とのあいさつ・対話・交友を、監視・制限・妨害する。

10、香典、祝い金、餞別などを集めない、知らせないなどで、特定の従業員を職場内の冠婚葬祭から排除する。

11、就業時間中にインフォーマル組織の活動や会議を行う。またはこのために施設使用や外出などの便宜を図る。

12、特定の従業員が配付するビラなどを受け取らないように働きかける。

13、新入社員教育などで、労働組合活動に関し特定の従業員や団体を非難し、またはビラなどの受け取り拒否などの非協力を教唆する。

14、思想、支持政党、労働組合活動の傾向、インフォーマル組織の活動への協力度、居住地での活動、家族の活動、および私病歴などを調査する。またこれらをリスク・マネジメントの対象にする。またこれらを目的にした教育を行う。

差別に対してとるべき会社および従業員の態度

差別に対する会社および従業員の態度は、以下の7つに分けられます。

1、差別をする人（言葉や行動で差別をする人）
2、差別を煽る人（差別をする人を支持し、差別を助長する人）
3、差別に同調する人（差別する人と同じ考え方に立つが、行動には出ない人）
4、差別に無関心な人（差別があっても気づかず、自分とは関係ないと思っている人）
5、差別に傍観者の立場で接する人（差別があることは知っているが、ただ眺めている人）
6、差別される人（本人に責任や原因がないのに、他の人から差別を受ける人）
7、差別をなくすために努力する人（差別をなくすことに努力し、上記の人たちの啓発等をしていく人）

上記、1～3の人たちが、人間として許されない立場に立っていることはいうまでもありませんが、4、無関心な人、5、傍観者が、差別の事実を容認し、結果として差別を支え、そのために苦しんでいる人がいることを真摯に考える必要があります。会社と全従業員は「そんなつもりはなかった」「知らなかった」などと自分に直接かかわりのない問題として、無関心な態度を取るのではなく、差別問題を正しく理解し、7、差別をなくすために努力する人をめざしてください。

画期的な勝利和解と支援運動

10年の裁判闘争を覚悟した「石播人権回復裁判」は、4年で解決した。

勝利和解後、原告団は4月9日には東京・江東区の富岡区民会館で「武蔵争議の勝利和解報告集会」を開催。5月28日には原告団と石川島播磨人権闘争支援共闘会議が「人権回復を求める石播争議勝利報告集会」を新宿区の京王プラザホテルで盛大に開催した。原告団と人権闘争支援共闘会議は『たたかってこそ明日はある　たたかいのリレーはいま差別根絶へ――石播人権と闘争勝利報告』を公式記録として配付した。

勝利和解後の関係者によるホットな挨拶や談話なので、同報告から抜粋させてもらうことにした。

平　和元弁護士

3年間の弁論で差別の労務政策、実質、年功序列型の賃金制度の仕組み、インフォーマル組織の実態などの総論部分の主張を出し尽くし、各人の受けた賃金差別と会社における〝村八分〟の実態、各人の慰謝料、損害などの各論についての主張はほぼ終えた。

爆弾的書証「ZC管理名簿」の提出で、国会でも質問が行われ、マスコミが報道し、石播問題が大きく動きだした。03年5月には裁判所からの正式の和解の斡旋となり、8月からは会社との直接交渉に入り、集中的に和解が進んだ。和解の進め方で特に課題として上げられたのは、原告らの差別の是正と賠償の問題だけでなく、「ZC管理名簿」の破棄を含め、これまでの会社の労務政策を改めさせることが何よりも大きな課題であった。04年3月22日には高レベルでの和解が成立した。

山下正祐弁護士

原告一人ひとりの仕事に対する熱意と真面目さが、1回1回の公判や和解期日を迫る中で、着実に裁判官に伝わり、なぜ、このような人たちがこのような理不尽な差別を受けなければならないのだろうかといった疑問を抱かせ、その疑問に対して明快な回答を与えたのが「ZC管理名簿」の暴露だったと思う。

長尾宜行弁護士

原告団・弁護団ともに、会社が容易に差別の存在を認めることはないだろうと思いつつ、いわばしんどいたたかいとなることを覚悟の上で、提訴に踏み切ったのでした。しかし、結果は会社に差別の存在を認めさせた上で、その是正をさせたばかりか、今後の再発防止に向けて具体的な施策をとらせるという、すばらしい勝利和解だった。原告団、弁護団、支援共闘会議、さらにこのたたかいを支えた方がたの奮闘の結果だ。

池末彰郎弁護士

私が弁護士になって初めての担当事件が小川さんの退職強要事件でした。１００名以上の職制らに連日囲まれ、「会社を辞めろ」と強要されたのです。何と前近代的で乱暴なやり方かと驚きました。この裁判では裁判所が現場検証を認めたことが画期的でした。東京電力の差別も醜いと思いましたが、石播の差別はそれとは比べ物にならないほど露骨で前近代的なものでした。反共労務政策も激しく徹底したものでした。原告の方はよく耐えられたと感服します。東京電力より早く解決できました。原告と支援の方の努力の結晶です。

大森浩一弁護士

石播労働者のたたかいは、日本国憲法に生命を吹き込んだ。働く者を「差別する者」と「差別される者」に分断する恐るべき「排除の論理」は、かつて「大日本帝国」を名乗っていたこの国を支配していた論理でもある。理不尽な権力の横暴に少数ながら勇気を持って敢然と立ち向かい、「強者の論理」を完膚無きまでに打ち砕いたことは、様々な人権課題と向き合う多くの人びとへの力強い励ましとなった。

松村忠臣支援共闘会議議長（全日本教職員組合前中央執行委員長）

長きにわたる〝労資一体〟の人権侵害と思想差別という重大な問題が、わずか4年のたたかいで勝利和解できたことは、このたたかいの根底に、憲法の民主的原則をしっかりと捉え、それをめぐる激しい競ぎあいの中でたたかいを進めてきたことにある。石播のたたかいは憲法の理想を高く掲げ、勇気を持って労働者の心、願いに火を灯すなら、困難があっても道が拓かれることを示した。

田倉光義支援共闘会議事務局長（全日本金属情報機器労働組合中央副執行委員長）

98年の（中労委の）和解にもとづき差別是正を求めたが、会社は無視し、職場行事や冠婚葬祭から排除し続けたため、武蔵事業所の原告団は弁護団とともに約1年、綿密な検討を加え、「差別・人権侵害」の是正を求めて提訴に踏み切った。

01年6月、武蔵事業所のある三多摩を中心に支援共闘会議準備会を結成。02年5月には石播に関連する企業や自衛隊などへの抗議・要請行動を展開する全国行動実行委員会のもとで、7月には9都道府県にわたる全国行動を成功させ、10月には「石川島播磨人権回復闘争支援共闘会議」を結成した。全国単産のＪＭＩＵ（全日本金属情報機器労働組合）がたたかう土台を築く努力をして、全教から議長を、東京地評や単産（東京）から役員を派遣してもらえたこと、短期間に全労連、地方・地域労連など全国的な支援共闘組織を結成できた中でたたかえたこと、全国からの支援を示す団体署名運動を重視して取り組んだ。

石播には「ＺＣ管理名簿」の存在と廃棄を認めさせて原告らの人権を回復するとともに、再発防止の施策を明らかにするよう裁判官に要請した。たたかいを通して石播の人権侵害が社会的に断罪され、そして差別是正への道を開き、ふたたび人権侵害を許さないためのたたかいの道をつくった。支援共闘会議は、この和解内容が石播のすべての職場で活用されるよう期待する。

久村信政支援共闘会議事務局次長（造船重機の争議解決をはかる連絡会代表）

４半世紀以上にわたり沈んだ暗い職場に光が射し込んだといえる。「総力戦」ということばがあるが、次代につなぐ成果を得ることができたたたかいに参画できたことを誇りに思っている。造船重機連絡会として各々が抱えている課題の前進にもつながっている。

井上美代日本共産党参議院議員（当時）

勝利和解は、多くの労働者にたたかうことの意味と、たたかえば必ず正義が勝つことを伝えた。私は03年４月17日の参院厚生労働委員会で「ＺＣ管理名簿」にもとづくランク分けによって賃金・昇格、仕事差別、行事からの排除など人権侵害の事実を資料で示して質問した。原告８人の85年から03年までの賃金を標準労働者と比較し、差額が２億６８９０万円なることを述べて、厚生労働省の調査、監督がどうなっているかをただした。

厚生労働省は「労働基準法３条に違反する」ことを認め、大臣も「毅然とした態度を取らなければならない」と答弁した。私にもみなさん方の勝利の旗の一端を握らせていただき、光栄に思っている。

原告7人の喜びの談話

渡辺　鋼（団長）

「たたかってこそ明日はある」が合言葉だった。たたかったら明日はあった。みなさん本当にありがとう。和解直後に行われた会社行事の花見には、原告や職場活動家に声がかかり、参加できるようになった。29年ぶりの同僚との花見だった。若い人に教えられるという当たり前のことが、これまで石播ではあり得なかったことが始まっている。しかし、これは差別根絶のゴールではなくスタートであると考えている。

石播の思想差別は、ＺＣ計画と呼ばれる「共産党員撲滅計画」にもとづくものであった。戦後、不戦を誓って歩み始めた日本をふたたび軍備への道に引き込むために、アメリカが日本に押しつけたレッドパージが、今も大企業において引き継がれていることを示している。石播は労働者を退職に追い込むために、「お前の仕事はない。仕事を探しに休暇を取って職安に行け（休暇後、出勤すると自分の机も椅子もなくなっていた）など、筋の通らない「業務命令」を連発した。それでも労働者は労働組合が黙認している以上、従わざるを得なった。狡猾な石播は、人間の誇りを踏みにじれば労働者は心ならずも退職すると計算していた。労働組合に見放された労働者は本当に惨めであった。

人権侵害を受けている労働者に対して、「労働組合を変えるためにたたかおう」と励ますだけでは、「それまで待てない」現実とミスマッチがあると常々感じていた。激しい差別攻撃で、さらし者にされ、その場では耐えて記録するだけがやれることだった。展望を失って悔し涙を流しながら職場を去っていった多くの労働者に申し訳ない思いでいっぱいだった。
こうした中でつかんだのが「たたかってこそ明日はある」という合言葉だった。苦しかった「記録」をついに勝利和解に結実させることができた。40年にわたる差別とのたたかいで、私たちは幸運にもよい結果が出せた区間を受け持ったリレーランナーであった。

石井　浩（副団長）
今回の勝利は労働者の団結回復に展望を開いたものだ。職場の中で労働者と自由に付き合い、ものがいえる環境があれば、労働運動で労働者に「合理化」犠牲を押しつける会社派に負ける訳がない。今の状況下で大企業しかも軍需産業とのたたかいで勝利した。抑えようとしても腹の底から痛快さがこみ上げてくる。

山口健司（同）
「これで将来は安心だ」と石川島に入社したとき、船の好きな父親がいった。あれから45年。人権侵害と賃金差別、会社行事からの排除、見せしめ、嫌がらせ、厳重注意や出勤停止の処分、処分、処分。ただ、我慢しているだけでは何の解決にもならない。「いい仕事がしたい。人間らしく働きたい」の思いは消えることがなかった。
たたかうしか道はない。「勝てるのか」と問われれば、「勝つためにたたかう」としかいえなかった。

「提訴すれば10年か」。苦しい選択の決断だった。初めてのオルグや要請。分からないことの連続だった。一歩ずつ頑ばった。支援の輪も広がっていった。「ZC管理名簿」が届けられ、たたかいは大きく前進した。生涯忘れられない画期的な勝利をこの手にすることができた。人権侵害や差別をする企業への断罪は世論になりつつある。この流れを早く大きく確実にしたい。

鈴木京子（事務局長）

昼休みは、いつも食事もそこそこに集まっていたのに、誰もそばに来なくなった。昼休みがない方がいいと思うようになった。子どもができてからは、保育園のバザーに使う雑巾やエプロンを縫う昼休みだった。新入社員の女性に「この会社は学校より（規則が）うるさい。なぜ、話をしてはいけないの。（鈴木さんは）一番やさしいのに」といわれた。退職するとき、その彼女がそっと側に寄ってきて「ありがとう」といって離れていった。

送別会すらできない職場の人に抗議してくれたパートの女性。「これからは男女差別をなくすために力を尽くす」と宣言した退職挨拶。提訴から4年はあっという間に通りすぎた。毎日、毎日が充実していた。「女性差別はやってはいけない」と「覚書」の一番最初に載せた。「お母さん、よかったね。でも私も頑ばったよ。お母さんより料理うまくなったよ。片付けもうまくなったよ」と娘。全国からのお祝いの言葉に、嬉しさがこみ上げた。

小野益弘（事務局員）

冷たい雨の中を東京地裁に向かった。今日で最後になるはずだと思いながらも、和解が壊れたらどうしようと少し不安がよぎる。多見谷裁判長が和解条項を読み上げる。勝った！

36年間の屈辱の場面が思い出された。いいようのない喜びが突き上げてきた。勝利者として工場の門を入ると決意して頑ばった４年間だった。３月24日の納会には３回も声かけがあり、入社以来初めて参加したが、課長が「ビールにしますか、酒にしますか」と聞きながら、乾杯のグラスを満たしてくれた。４月25日、受け取った賃金は、確かに和解条項にもとづいて差別が是正されていた。

工藤龍太郎（同）

仲間のスクラムの中で励まされ、支えられて、息を切らしながらも、何とかはぐれないようについてきて、やっと勝利和解の場を踏むことができた。私自身がこうであったので、家族に与えた心労や負担はいかばかりかと思う。

桜まつりで職場の桟敷からはじきだされた私に「また一緒に仕事したいね」と声をかけてくれたプロジェクトマネージャーは、いつの間にか他部門に配置換えになった。門前で「赤旗」号外を受け取った部長は遠く社外に出された。伊藤社長が宇宙事業本部長だったころ、全員出席の品質会議で「工藤は職場の電話番をしろ」と会場から追い出されたことを思い出す。今、伊藤社長が望む「上下左右胸襟を開いて話し合い、問題解決をはかろうという職場文化」は、「ZC管理名簿」に載せた一人ひとりを社長自ら訪ね歩いて謝罪してこそ取り戻せると思う。

松藤和夫（同）

争議を始めたころ、裁判が10年ぐらいかかるとすれば、職場で（現役で）残る原告は私だけではないか、と心配した。４年間で勝利和解することができて、この上ない喜びと同時に肩の荷がおりてホッとしている。本当にありがとう。

４月の桜まつりに18年ぶりに声がかかり、酒を酌み交わすことができた。しかし、インフォーマルによるの長年の職場支配のせいで、「松藤には酒を注げない」という人がいて、一瞬、その場が静まった。そのとき、パートの女性が「もう差別をしてはいけないのよ。みなさん、分からないの！」といってくれた。みんな、ホッとしたようすだった。私は嬉しくなって、職場の人に酒を注いで回った。快く受けてくれる人もいたが、断る人もいた。（差別の解消は）そう簡単にはいかない。地道にこつこつと頑ばって、大きな夢を咲かせたい。

第6章　１６８人の勝利和解

６事業所で「人権回復を求める会」を結成

人権回復裁判（武蔵裁判）の勝利和解を受けて全国の石播６地区（呉、相生、愛知、横浜、東京、武蔵）の事業所の職場活動家は、それぞれ「石播○○の人権回復を求める会」を結成した。04年４月８日には「呉の会」が和解覚書にもとづく差別是正を会社に要請。会社は面会ならびに要請書の受取りを拒否し、個別に話し合うとの対応をした。５月には「横浜の会」と「愛知の会」が同様に会社に要請。会社は個別面談の開始を約束した。10月には「東京の会」の１０３人（後１１２人）が同様の要求書を提出したが、会社は「対象外だ」として受取りを拒否した。９月25日には田無の職場活動家７人が「石播武蔵人権回復を求める連絡会」を結成した。

６事業所の職場活動家は10月11日に「人権回復を求める石川島播磨連絡会」を結成した。「愛知の会」は10月14日に定年退職者が出るために年内解決の申し入れを行った。「呉の会」は同19日、石播呉事業所に和解覚書にもとづいて差別是正要求書を提出。呉労基署に石播への差別是正指導を要請した。同28日には石播連絡会として差別是正の申告者１４８人（東京１０３人、武蔵７人、横浜14人、愛知17人、相生４人、呉３人）の名簿を添えて石播本社に差別是正要求を行った。同時に厚生労働省、外務省、国土交通省、防衛庁に監督官庁の役割を求めて要請した。「愛知の会」は11月には愛知人事部に年内解決しなければ提訴すると通告した。

石播連絡会は、労基署申告行動、厚労省等の所管官庁への要請、報道機関への訴え、国会対応、石播本社前・各事業所前での宣伝行動、労働・民主団体への支援を要請した。6月の株主総会では、和解協定の順守と6事業所の活動家に対する差別是正等の約束を守る発言を続け、社長が誠意を持って対応せざるを得ない状況に追い込んでいった。追い詰められていた職場活動家は、人権回復裁判の勝利和解によって、堰を切ったように反転攻勢に打って出た。東京地区の申告者も「A級登載者」であることを示す資料（人事関係者のメール記録）を提出し、会社側に調査を約束させた。

会社側は、武蔵裁判和解の経過から原告以外の活動家から差別是正要求を全面的に退けることができない立場にあった。しかし、交渉当初は、①武蔵裁判の和解に関する内容を原告側がマスコミに流したという事実に反する問題を口実に交渉に応じようとしなかった、②是正対象者の絞り込み（東京地区の活動家を排除）をめぐって拒否反応を示しながら、延々かつ執拗に「事情聴取」と称する面談を繰り返すなど消極的姿勢に終始したが、結局は応じた。

原告側の大森浩一弁護士によると、「経営内部でどう対処して解決していくかの方針が定まっていなかった」と推測していた。しかしながら、人権裁判の和解に関して、嫌が応でもこれまでの労務政策を根本的に見直さなければ、今後の解決の着地点を見いだせないことを悟らざるを得なかった。大森弁護士は「石播は長年の反共労務政策に起因する『負の遺産』の総括を迫られていた」と指摘する。

両者の膠着状態を打開する「先鋒」としての役割を発揮したのは、「愛知の会」の17人の取り組みであった。愛知では現職、OBと弁護団、支援共闘会議が一体となって強力な闘争体制を確立し、05年8月8日に他地区に先がけて活動家の差別是正を議題とする交渉「愛知テーブル」を開始した。愛知テーブルでの会社側の対応が不十分であれば民事訴訟に踏み切る準備を進めていた。これに呼応して他地区でも法廷闘争も辞さないという意思統一と体制が構築されていった。

こうした流れの中で、申告者は退職者や故人も含めて総数１６８人になった。06年３月から連絡会に結集するすべての活動家の差別是正を議題とする本格的な交渉（いわゆる「代理人協議」）が開始されることになった。会社側は追い込まれていった。とくに、この問題が法廷闘争に持ち込まれれば、会社のイメージダウンは計り知れないし、裁判に勝てる見込みはないに等しかった。

「個別管理計画」の存在明らかに

そこへ、情勢を一変させる資料がまたまた出てきた。ニュースソースに係わるため詳細は明らかにできないが、06年６月２日の第５回代理人協議で連絡会と弁護団は「ＺＣ管理名簿」にもとづく「個別管理計画」という極秘資料を会社側に提示した。この「個別管理計画」は「ＺＣ管理名簿」のＡ（共産党員）、Ｂ（その支持者）にランクされている者の昇格について、定年までの上限を昇給・昇格に関して平均的な「標準者」が30歳代に到達する職位に設定し、それ以上昇格させない管理を行うため、活動家個別に定年までの各年度の職能点を決めるよう全社に指示していた。まさに人権蹂躙も甚だしい憲法と労働基準法に違反する犯罪行為の証拠であった。人権回復裁判で情勢を大きく変えた「管理名簿」と同様に第１級の資料といえた。05年に入手した。95年（平成７年）２月13日付けの「極秘」資料の内容は次のとおりであった。

7・2・13　労管

「厳秘」（情報連絡会討議用資料）

○の人事考課・昇進管理方針（案）

ランクAおよびBに格付けられている○の人事考課・昇進管理については、下記のとおり取扱う。

記

1、方針

（1）ランクAおよびBに格付けられている○の内、年齢、職能等級からみて将来の昇進の可否を検討する必要があると思われる次の者については、定年退職時の職能等級（以下「最終職能等級」）を個別に想定し、これを目途に現行の人事考課制度、職能等級制度に基づいた将来の計画を「個別管理計画」として作る。（別添1〜3参照）

以降の人事考課、昇進は原則として「個別管理計画」をもとに行なう。

（2）ランクAに格付けられている○の内、上記（1）に準ずる次の者についても、「最終職能等級」を個別に想定し、計画の必要があると判断された場合には「個別管理計画」を作る。

「個別管理計画」作成の対象者

ランク	職能等級	実年齢	人数	リスト
A	執務職3～4級	47歳以下	6	別紙1
	技能職3～4級	47歳以下	8	別紙2
	専門職1～2級	50歳以下	22	別紙3
B	執務職3級	53歳以下	3	別紙7
	技能職4級	50歳以下	3	別紙8
	専門職1～3級	52歳以下	12	別紙9
合計			54	

「最終職能等級」の上限

事技系	専門職3級
事技系（転換者）	専門職2級
技能系	上級技能職1級

（3）労政上の特記事項が生じた場合は、「個別管理計画」の検証を行ない、必要な修正を加える。

特記事項とは、提訴、配転・出向、訴訟取下げ、新労組結成、変節等をさす。

（4）「個別管理計画」の保管については、地区労働Gが責任をもって行なう。

（複写ならびに持出しは原則として認めない）

2、実務

（1）個別管理計画策定までの実務

ア、「最終職能等級」検討（勤労課起案～ライン調整～労働G地区調整決定）

↓「定年までにどこまで昇進させるのか」

↓「工場内、地区内のバランスがとれているか」

イ、昇進計画検討（勤労課起案～労働G地区調整決定）

アに基づく昇進計画検討

↓「いつ昇進させるのか」

↓「そのためには、何点の職能点、3年間平均が必要か」

↓「そのための人事考課の工夫」

ランク	職能等級	実年齢	人数	リスト
A	執務職3～4級	55歳以下	12	別紙4
	技能職3～4級	55歳以下	8	別紙5
	専門職1～2級	55歳以下	11	別紙6
合計			31	

※　昇進条件は条件1による。
※　人事考課は一般の分布規制の中に含めて実施する。
工場内、地区内、同一職場の○を見渡して
↓「どの順序で誰から昇進させるのか」
↓「誰と一緒に昇進させるのか」
ウ、ラインへのオーソライズ（勤労課）
※　ラインの責任で管理してもらうことを十分に理解してもらう。

（2）来年度以降の人事考課、昇進作業
ア、人事考課開始に先立ち、「個別管理計画」のおさらいをする。
（勤労課～ライン～労働G）
↓「今年、昇進予定の○は誰か」
↓「人事考課に工夫を要するのは誰か」
↓「特記事項の有無の確認」
場合によっては分布規制の中で必要な配慮を加味する。
イ、人事考課に必要な工夫を加え、以降は通常の手続きに入る。

以上

松藤和夫の「個別管理計画」

「個別管理計画」の具体的事例として、瑞穂工場工作課の松藤和夫（人権回復裁判原告）の場合、平成７年（１９９５年）から定年の平成28年（２０１６年）の21年間で４年後に１ランク昇格させるだけで定年を迎えるように計画されていた（表参照）。

　また、松藤が00年に人権回復裁判を起こしたため、瑞穂工場の人事担当者が「個別管理計画」通

厳秘

個人コード	氏名	最終職能等級		ランク	所属部長	人勤長	労長
37183	松藤和夫	25	1	A			

年度	基準年齢	実年齢	職区分	等級	累積点	職能点	3年平均
平成７年	３９才	３９才	26	4	18.0	0.5	0.5
平成８年	４０才	４０才	26	4	18.5	0.5	0.5
平成９年	４１才	４１才	26	4	19.0	1.0	0.7
平成１０年	４２才	４２才	26	4	20.0	1.0	0.8
平成１１年	４３才	４３才	25	1	0.0	1.0	1.0
平成１２年	４４才	４４才	25	1	0.5	0.5	0.5
平成１３年	４５才	４５才	25	1	1.0	0.5	0.5
平成１４年	４６才	４６才	25	1	1.5	0.5	0.5
平成１５年	４７才	４７才	25	1	2.0	0.5	0.5
平成１６年	４８才	４８才	25	1	2.5	0.5	0.5
平成１７年	４９才	４９才	25	1	3.0	0.5	0.5
平成１８年	５０才	５０才	25	1	3.5	0.5	0.5
平成１９年	５１才	５１才	25	1	4.0	0.5	0.5
平成２０年	５２才	５２才	25	1	4.5	0.5	0.5
平成２１年	５３才	５３才	25	1	5.0	0.5	0.5
平成２２年	５４才	５４才	25	1	5.5	0.5	0.5
平成２３年	５５才	５５才	25	1	6.0	0.5	0.5
平成２４年	５６才	５６才	25	1			
平成２５年	５７才	５７才	25	1			
平成２６年	５８才	５８才	25	1			
平成２７年	５９才	５９才	25	1			
平成２８年	６０才	６０才	25	1			

りに昇格させてよいかどうかを武蔵地区労働福祉部を通して本社人事部労働管理G（グループ）に問い合わせをしたことに対し、本社人事部労働管理Gが回答しているメールを職場活動家が入手した。その内容は次のとおりであった（筆者注：発信者、受信者名は伏せることにする）。

00.12.13.　3:44pm
松藤の件
本社人事部労働管理G↓武蔵地区労働福祉部次席宛
岡ＳＭの意見は「無理してグリーンラインに乗せるな」というものでした。

From: 谷[redacted]隆士
Sent: Wednesday, December 13, 2000 3:44 PM
To: 河[redacted]浩
Cc: 岡[redacted]一; 秋[redacted]潤
Subject: 松藤の件

岡SMの意見は「無理してグリーンラインに乗せるな」というものでした。

根拠があるならばBをつけてもよいが、
下手にB下からB上に上げると説明できない。とのことです。

-----Original Message-----
From: 河[redacted]浩
Sent: Wednesday, December 13, 2000 3:48 PM
To: 宮[redacted]真; 宮[redacted]徹; 堀[redacted]子
Subject: FW: 松藤の件

松藤の件ですが、本社見解としては、下記のとおりです。
裁判を起こしたから、昇進をさせたと取られかねないため、現状のままとするそうです。
川重でも同様の事件で、裁判中に昇進をさせたところ、逆に食いつかれて理屈がたたなくて困ったことがあるようです。

差出人: 堀[redacted]子
送信日時: 2000年12月13日 16:02
宛先: 河[redacted]浩; 宮[redacted]徹
CC: 高[redacted]茂雄; 宮[redacted]真
件名: RE: 松藤の件

早速のご回答ありがとうございます。
相談の結果、無理にグリーンラインに乗せる事はせず、昨年と同じ考課で対応する事としました。

根拠があるならばBをつけてもよいが、下手にB下からB上に上げると説明できない。とのことです。

00.12.13.　3:48pm
松藤の件
武蔵地区労働福祉部次席→瑞穂工場人事担当宛
松藤の件ですが、本社見解としては、下記のとおりです。
裁判を起こしたから、昇進をさせたと取られかねないため、現状のままとするそうです。
川重でも同様の事件で、裁判中に昇進させたところ、逆に食いつかれて理屈がたたなくて困ったことがあるようです。

00.12.13.　16:02pm
松藤の件
瑞穂工場人事担当→本社人事部労働管理G宛
早速のご回答ありがとうございます。相談の結果、無理にグリーンラインに乗せることはせず、昨年と同じ考課で対応する事としました。

このように、松藤が特記事項に該当するため、瑞穂工場人事担当者が地区労働福祉部を通じて本社にお伺いを立てているが、この際に松藤の「個別管理計画」が検討されて一つの結論に至った経過がメールのやり取りによって明らかになった。こうした「個別管理計画」の資料を突きつけられた石播は、和解についいで守勢に回らざるを得なくなっていった。06年6月3日には本社交渉、12日には第6回代理人交渉があり、15日にはふたたび本社交渉を行う一方、16日には石播連絡会・造船重機連絡会が総行動を実施して本社に早期解決を波状的に迫った。また、厚生労働、国土交通、防衛庁の所管官庁に要請した。同28日には株主総会で「石播連絡会・良心株主の会」から29人が出席して和解覚書を守り、差別をやめて謝罪せよと求めた。

「個別管理計画」をマスコミに公表

8月18日、石播連絡会、造船重機連絡会が2回目の総行動を実施。午前7時から石播本社前で宣伝行動を行い、同日午後からは全国から申告者の大半を含む２００人余が参加して厚生労働省に「ＺＣ管理名簿」にもとづく、「個別管理計画」への対応を求めた。労働基準監督課は要請の趣旨を同省の5局に伝えると約束した。15時から厚生労働省で記者会見を行い、「個別管理計画」の内容公表と和解に基づく全国の活動家に対する人権擁護と差別是正の実施に乗り出そうとしない石播の違法な姿勢を説明した。

翌19日、全労連や自由法曹団の弁護士ら約50人が石播本社に共産党員とその支持者の思想差別を改めるよう要請した。石播の労働者の粘り強いたたかいとともに、ＺＣによる思想差別問題は広く世間に広がるとともに、支援の輪がさらに大きくなって石播を追い詰めていった。

国会では12月4日、日本共産党の高橋千鶴子衆院議員が厚生労働委員会で石播の思想差別を追及。また同22日には同党の高橋千鶴子、笠井亮の両衆院議員連名の「石川島播磨重工業（株）での思想差別の調査及び是正指導に関する質問主意書」を安倍晋三内閣総理大臣に提出した。これに対し、安倍内閣総理大臣の答弁書は「お答えするのは困難である」「私企業に係る事業であるため、答弁を差し控えたい」というものであった。

07年1月19日、「人権回復を求める石川島播磨連絡会」（6事業所の従業員44人と退職者124人（うち5人は遺族が訴えを継承）の168人は石播と「和解協定」「再発防止協定」を締結。賃金、資格、退職金是正によって12億5600万円の賠償と行事・仕事差別停止、再雇用排除の復職・出向から復帰を勝ち取った。「和解協定」と「再発防止協定」は全従業員に周知徹底することを約束させ、さらに協定履行に疑義が生じれば協議を行うことも約束させた。

全事業所では同22日から26日にかけて、ほとんどの職場で課長または職長が和解協定で定めた文書を読みあげて周知した。一方、全地区の事業所、工場門前で連絡会が統一のビラを配付し、和解成立を出勤する労働者に伝えた。職場は和解協定の内容が伝わるにつれて大きく変化していった。

87年から07年まで20年間にわたり、石播では活動家一人ひとりが、職場の中で多くの仲間とのたたかい、苦難を克服しながら職場のたたかいをリレーランナー役として受け継いで次代へ引き継ぐことに力を注いだ。その時代に合わせて発展・前進させてきた運動が賃金・身分差別闘争では画期的な内容である「和解協定」「再発防止協定」を会社側に認めさせる成果につながった。しかし、再発防止協定の履行状況は職場でなければ確認できないために、職場の中にリレーランナーを育てていく課題が残っている。

勝利和解調印にあたっての声明（要旨）

人権回復を求める石川島播磨連絡会と人権回復・石川島播磨弁護団は07年1月19日、勝利和解調印にあたっての声明を発表した。

石播本社が指揮し全事業所の人事・勤労部門も参加して「ZC（ゼロ・コミュニスト）管理名簿」を作成し、さらに「個別管理計画」によって、日本共産党員やその支持者と見なした職場活動家について、定年まで最も長い者で21年間、毎年の職能等級をあらかじめ定めるなど、思想信条を理由とする賃金・昇格差別と人権侵害を組織的に続けたことは、憲法と労働基準法に違反する明白な犯罪である。

私たちは、このたたかいを日本共産党員とその支持者に対する差別を是正することにとどまらず、反共労務政策を完全に廃止することで、正常な労使関係と、「職場における自由な人間関係」（関西電力事件最高裁判決）を確立するためにたたかった。これこそ、石播が「人と技術を大切にする経営」に転換し、将来にわたって安定的な経営を維持するために欠かせないものであり、同時に日本の多くの企業に共通する課題であると確信するからだ。この確信が、在職者だけでなく、個人の賠償は決着済みの武蔵原告団も、最長15年前に定年になり、請求権の時効が問題になりかねない退職者も、また全国に分かれていようとも、心を一つに団結することができた理由である。

本日、石播は「差別的な人事管理が行われたと受けとめられても止むを得ない状況があったことを認め」、思想差別について明瞭に「反省」の意思を明らかにした。これは70年代以降の民間大企業の職場に自由と民主主義を確立するたたかいの中で、初めてのことである。さらに、思想差別、女性差別を再発させない労務政策を約束させたことは、文字通り画期的な意味を持つことになった。在職者44人の職能等級、基準賃金、退職金本給を抜本的に是正させ、退職者を含めて過去の賃金差別と人権侵害の損害賠償をさせることにより、基本的に石播にその責任を果たさせることができた。

さらに、石播は不当な人事考課、仕事の取り上げ、職場行事からの排除など、職場における「法令に違反する差別的取り扱い」と「思想信条を理由とする差別」を詳細に明らかにし、これを管理職、職制をはじめ、すべての職場労働者に周知、徹底することを約束した。声かけをしない従業員と団体には、その行事の中止勧告と便宜供与の禁止措置をとることも明らかにした。また、この和解で差別した査定を口実に拒否された再雇用の復元、隔離を目的にした出向の解除、見せしめで取り上げられた技術職への20年ぶりの復帰なども実現させることができた。今後の職場における自由な人間関係を確立する上で、極めて重要な成果である。

その上、和解の履行について疑義が生じた場合は、石播は協議の場を速やかに設け、誠実に対応することを約束した。なお、石播の強い要望で和解内容については一定の公表制限に合意した。私たちは、今回の和解内容の公表をためらうことは微塵もないが、誠実に実行することを表明する。

今回の和解交渉の道を切り開いた武蔵事業所の和解（人権回復裁判）が画期的な契機となった。同時に60年代後半から各事業所で差別と不屈にたたかい抜いてきた蓄積があったからこそ、全事業所から１６８人もの申告者を起ち上げることができた。組合活動を理由に不当労働行為を救済した90年の東京都地方労働委員会の救済命令、差別賃金の一定の是正を行った98年の中央労働委員会での和解などの貴重な到達点と経験を踏まえて、今回の和解は、石播の職場で人権と民主主義を掲げてそれぞれの時代をたたかい抜いた「リレーランナー」たち、私たち以外も含めた全員の輝かしい成果である。

いま、一定の民主的権利を保障した戦後の労働法制を取り払い、規制のない弱肉強食の資本主義に逆戻りさせようとする、政府、財界の攻撃のもとで労働者の雇用と生活がこれほど軽んじられる事態はかつてないことである。これを許している日本の労働運動を建てなおし、民間企業においてたたかう労働運動を再生する上で、今回の勝利和解は重要な意義を持つと確信している。

以上

「基本的な人権を尊重するために職場において留意すべきこと」

① 均等待遇

従業員の能力・適性とは関係の無い，思想・信条，人種，国籍，性別，労働組合活動を理由として，賃金・労働時間その他の労働条件や福利厚生について差別的な取り扱いをしない。

（留意すべき事例）

＊以下のような行為は均等待遇を義務づけた法令に違反する差別的取り扱いとなります。

思想・信条，人種，国籍，性別，労働組合活動を理由として，

・ 補助的な業務や役割を続けさせること。
・ 不当に低い人事考課・業績評価を行うこと。
・ 昇進させなかったり，あるいは昇進において別の基準を設けたりすること。
・ 教育訓練を受けさせなかったり，教育の機会について通常と取り扱いを変えたりすること。
・ 福利厚生制度の利用を妨げたりすること。

② 思想信条による差別

従業員の思想や信条等を理由として，会社行事や職場行事，従業員の冠婚葬祭に関する連絡等において排除しない。特定の思想や信条に基づく活動を不当に妨害しない。

（留意すべき事例）

＊以下のような行為は思想信条を理由とする差別に該当します。

・ 特定の思想や信条を敵視して，会社行事や職場行事，歓送迎会や送別会，冠婚葬祭の連絡などで排除すること。
・ ビラの配布など，特定の思想や信条に基づく活動を不当に妨害すること。

③パワーハラスメント

上司が部下に対していやがらせ目的で，不当に大声で皆の前で叱りつけたり，仕事を取り上げたりしない。

（留意すべき事例）

＊以下のような行為はパワーハラスメントに該当します。

・ 上司が部下のちょっとしたミスに対して，不当に大声で皆の前で叱りつける。
・ 上司が部下に対して理由なく仕事を取り上げる。座席や執務場所を隔離する。
・ 上司が特定の部下を無視したり，仲間はずれにしたりする。
・ 上司が特定の従業員だけに，過重なノルマを与える。

④ジェンダーハラスメント

男らしさ，女らしさを強要したり，女性であることのみを理由として，補助的な業務や役割を続けさせたり、強要したりといった特別な取り扱いをしない。

コンプライアンスガイドに添付された補足資料（全従業員に配付）

石播本社人事部発行の「和解周知文書」

（　写　）地区総人Ｇ，各工場勤労課，事業本部人事担当
（送付先）基幹職，職・班長

平成１９年１月２２日
人事部

一部従業員および元従業員との和解について（お知らせとお願い）

会社は，平成１２年３月に武蔵地区従業員９名から昇進・昇給差別および職場差別（職場行事からの排除など）の是正を求めて提訴された裁判（以下「武蔵裁判」という）について，平成１６年３月に東京地裁の勧告を受けて和解いたしました。

その後，一部の従業員および元従業員合計１６８名（以下「一部の従業員ら」という）から武蔵裁判と同様の差別があったとの会社への申立てがあり，以降，武蔵裁判の和解に基づいて双方で話し合いを行ってきましたが，このたび下記内容による和解に至りましたので，その内容をお知らせするとともに，内容についての理解と，職場における周知をお願いします。

記

１．和解にあたって会社が約した事項

①再発防止協定の締結（公正な人事管理と再発防止策の徹底の確約，職場における基本的な人権の尊重の徹底，職場融和のための働きかけなど）

②職能等級・基準賃金・退職金本給の変更と解決金の支払い

２．再発防止協定の具体的内容および要請事項

※ 再発防止協定は地区総人Ｇ，各工場勤労課，事業本部人事担当部門および各部の部長が保管してありますので，必要な場合に確認願います。

（１）再発防止策の徹底の確約

会社として，一部の従業員らに対して，賃金・資格，仕事，行事参加などで差別的な人事管理が行われたと受け止められてもやむを得ない状況があったことを反省し，今後そのような状況が再発することを防止するために再発防止策を徹底することを確約いたしました。

（２）公正な人事管理

会社は従業員に対する思想差別，性差別，不当労働行為を行いません。

（３）職場における基本的な人権の尊重の徹底について

基本的な人権の尊重を徹底するために，別途資料を作成し，全従業員への配付と社内のコンプライアンス・ホームページへの掲載を行います。また，この資料を各層別に実施しているコンプライアンス教育の資料として活用します。

（４）職場融和のための働きかけ等について

職場融和のための下記行事について全員への声かけを徹底することとしていますので，各部門においても，この点を職場内に徹底してください。

・ 事業所祭，工場祭，桜祭り，納涼祭などの「会社行事」
・ 構内放送や会社掲示板，社内メール，会社が指名するレクリーダーや職場のレク係を通じて職場全体に参加が呼びかけられる「レク行事」
・ 職長・班長を含む職場の大半が参加する，新入社員歓迎会，歓送迎会，忘年会，納会，新年会，完納祝いなどの「職場行事」

また，従業員の冠婚葬祭に関する連絡について，特定の従業員のみが排除されたり，職場の特定の者に対して，本人の異動時の歓送迎会や，退職時の送別会などが行われず，挨拶もさせないことが生じたりしないように，職場内に徹底願います。

なお，会社は上記声かけなどを励行していない従業員及び団体には，当該行事の中止の勧告，便宜供与の禁止措置をとります。

（５）その他

一部の従業員らが在籍している関係会社についても，同様の措置を実施するよう会社が求めることとしています。

以　上

07年7月1日、石川島播磨重工業（株）は、社名を株式会社ＩＨＩと変更した。同９月28日、ＩＨＩは大幅な業績悪化を発表した。07年９月中間期は６７０億円の営業赤字になる見通しで、赤字は最大９５０億円まで拡大する可能性があると述べた。そして、５７０億円の業績下方修正を発表し、伊藤源嗣会長が辞任した。後任には釜和明社長が就任した。

第７章　次代を拓く砦に

差別・人権侵害を背景に労働者を戦争動員

09年12月11日から13日まで「日本平和大会」が米軍基地が点在する神奈川県内で開かれた。人権回復を求める石播原告団（石播原告団）も参画する造船重機連絡会が、「拡大する民間人の戦地派遣と軍需産業」分科会を担当し、職場の同僚が人知れず中東の戦闘地域に派遣されている違憲で異常な事態と、それを可能にしているのが常軌を逸した差別と人権侵害が横行する石播職場の実態を報告した。

その実態を収録し、大阪毎日放送が制作したドキュメンタリー番組「誰も知らない戦地出張　もの言えぬ職場から」（06年4月16日放映）のDVD映写に分科会参加者は信じられないという思いで見入っていた。平和問題に関心を持っている人たちですら、こうした事実を正確に知らない方が多いというのが現実であった。

有事でもないのに軍需工場で働く労働者が、海外で展開

している自衛隊の装備品の修理やメンテナンスという理由で戦闘地域に派遣することを可能にしているのが、企業に忠実な労働者教育や労組へのてこ入れによるものであり、そのために石播の各事業所・工場内で行われている差別・村八分など人権侵害の目的であることがより鮮明になったといえる。原告団は、自らの差別是正と人権侵害の回復を実現することが職場で自由にものが言える環境の確立こそ企業の平和的発展につながるとの思いで提訴した。

第1の扉である差別是正と人権回復の実現は、「ZC管理名簿」の衝撃的暴露とともに人権回復闘争を支えてくれた多くの労働者仲間との共同作業で拓くことができた。原告団は、争議解決と同時に第2の扉を開く作業を進めてきた。それは今日、国民と労働者がおかれている貧困と格差をなくし、平和と民主主義が確立される日本にするために労働者としての責任を果たすことであった。造船重機の労働者をはじめ多くの人たちが「二度と戦争を起こしてはならない」という共同の思いと力をもってすれば、この扉を開かせることも可能になってくるといえる。

各軍需工場でも差別名簿を作成

敗戦直後の日本の状況は厳しく、軍需関連工場で首を切られ、失業した労働者は400万人にものぼった。とくに造船産業は兵器生産の温床であり、「戦争潜在産業」として米占領軍司令部の厳しい監視下に置かれ、民間造船所に28万人、軍工廠に10数万人いた造船労働者は次つぎに職を追われていった。

戦争協力への反省から造船労働者は、一時期は平和と民主日本の建設をめざしたが、54年7月に防衛庁が設置され、陸海空三自衛隊が発足すると軍需関連産業である造船重機大企業の職場と労働者をとりまく環境は大きく変化した。政府と造船重機大企業は、攻撃型兵器の生産拡大を推進するために、反戦平和を主張する造船労働組合の骨抜きを目的に一斉に攻撃を強めてきた。まず、65年12月に全日本造船機械労働組合三菱重工支部に対する組織分裂攻撃で一気に表面化した。同じ時期に石播が労働組合と労働者に対して行った攻撃は同業他社に比べて執拗で悪質極まりないもので、労働組合の解体攻撃と同時に行われた職場活動家に対する攻撃は生活権を奪い人間性を否定するものであった。

労働者に対する「差別リスト」の存在は、石播の「ZC管理名簿」だけではなかった。三井造船では「非健全派従業員名簿」、三菱重工では「ブラックリスト」など呼称に違いこそあるが、他の軍需産業でも実施されていたことがそれぞれの会社の内部資料が活動家によってに明らかにされている。石播、三井造船、三菱重工など軍需産業で明らかになった労働者管理名簿は、その規模と内容、名簿作成の手段は異質である。今では軍需工場における労働者の管理リストは、経営者側の要求より国策としての要素が極めて大きかったことがわかっている。

造船重機連絡会の設立

組織分裂、組合弱体化攻撃に対する反撃は、70年に入ると造船重機大手の工場で起こった。組織分裂攻撃を受けた全造船機械三菱重工支部と住友重機械支部、全国金属（後のＪＭＩＵ）住友重機械支部は、「守勢から攻勢へ」を合言葉に差別反対、職場に自由と民主主義を確立するたたかいを前進させてきた。石播の職場をはじめ、川崎重工、三井造船、日立造船、日本鋼管でも職場活動家を中心に反撃が始まった。

造船労働者の組織破壊阻止、差別と人権侵害を許さないたたかいは、10年を越えるたたかいを経て、80年代後半にかけて相次いで解決した。石播の賃金、差別是正、指名解雇撤回の争議も98年に解決した。90年代に入ると、造船労働者はふたたび、たたかいに立ち上がった。理由は、賃金差別についていったん是正されたものの、格差が依然として残っただけでなく、職場において人権侵害行為が継続していたことによるものである。

石播原告団の第2次差別是正、人権侵害回復のたたかいは、より高い解決水準を獲得するために個別企業内におけるたたかいでは限界があると考え、先行していた三菱重工、日本鋼管、川崎重工など労働者の力を結集することに取り組んだ。この動きは、89年の連合発足を契機に企画された大企業労働者交流会でさらに力を増した。大企業労働者交流会には、三菱重工、石播、川崎重工、三井造船、日本鋼管、日立造船でたたかう労働者が集い、自らの差別是正・人権回復の実現をめざすと同時に、平和で健全な産業の発展をめざすために意見交換を行った。

この過程で、造船労働者の力を再結集する「造船重機連絡会」がスタートし、すべての争議解決をめざすたたかいを支えた。大手造船重機械の職場で、賃金・昇格、仕事差別是正を中心にたたかっている労働者が結集した造船重機連絡会は、自らの差別是正が職場に自由と民主主義を確立し、国民と労働者の暮らしと権利を守る、平和な日本を築くことを運動の基本とした。

なかでも重視した取り組みは、「ZC管理名簿」で明らかになった差別攻撃が防衛庁（当時）による指導と受け取れることから、平和と民主日本の建設をめざすたたかいを一体で進めることが大切となった。人権回復と各企業における職場の改善要求、地域住民、国民の諸要求をセットにしたたたかいは、仲間の労働者の支援を受けて大きく前進していった。

石播原告団は造船重機連絡会の中心的な役割を担っていた。職場や地域で発生した様ざまな問題を解決するためには、職場内だけのたたかいでは限界があり、国の行政の中心である首都圏でのたたかいが決め手になることが少なくないからであった。造船重機連絡会に結集する労働者は、石播原告団がたたかいに参画したことで運動に勇気が湧き、勝利に確信を得たという。石播原告団の参画により、中央におけるたたかいに水を得た造船重機連絡会に参画する各団体は、制度政策の実現をめざす春と秋のたたかい、企業の健全な発展をめざす株主総会行動などで共同行動の力を発揮し、争議の早期・全面解決を勝ち取ることができた。

例えば、日立造船舞鶴の過労死、NKK清水の指名解雇、NKK鶴見の中高年差別、三菱重工、川崎重工、三井造船、住友重機械の賃金・昇格差別是正、三菱重工長崎じん肺補償と根絶をめざすたたかいでも、石播原告団は主要な役割を担った。

次代を映す羅針盤

全国的にも今、労働争議解決後における労働者各人の活動のあり方が問われている。多くの労働組合や争議団では、争議解決の力を職場の仲間の要求実現に生かすことを掲げて運動を前進させてきたが、解決と同時に職場活動に埋没してしまいがちで、継続体制の不十分さなどの理由から、貴重なたたかいの経験を終結した事例が少なくない。

石播原告団は、今日までの多くの事例の反省から職場要求に責任を持つ組織、自らが解決能力を有する組織が、運動の継続と前進に不可欠であるとの議論を重ねていた。造船重機連絡会に参画する他の造船重機大手の活動家たちは、争議解決後の運動の継続とその方法について相談するなかで、企業と組織の枠を超えた労働組合を結成し、労働運動の中で職場と仲間の要求に応えて行く道を選んだ。この選択は、今日までの運動の中で画期的な試みであり、職場の仲間の羅針盤となった。争議解決から6年、労働組合結成から4年を経過した今日、選択した道に間違いがなかったことに確信を持って、次のステップに取り組んでいる。

石播原告団、造船重機連絡会、重工産業労働組合の取り組みに期待が寄せられているが、石播原告団がたたかいに立ち上がった目標から検証すれば、今なお道半ばというのが正直な到達点である。

人権回復から夢実現へ

石播原告団は07年６月、西東京市田無町に「西東京平和と労働会館」という名称の事務所を構えた。そして「明るい職場と平和をめざすＩＨＩ連絡会」、06年２月に誕生した「重工産業労働組合」から運動を発信する体制を整えて、長年の夢である職場と地域の労働者の暮らし、雇用、健康と命を守るたたかいの第一歩を踏み出した。

07年８月、ＩＨＩ愛知工場で爆発災害が発生して佐世保から塗装業の孫請として作業していた青

年の命が奪われた。一報を受けた石播原告団は現地に急行し、必要な諸対策を講じながら遺族との対面、弁護士との補償対策など機敏に対応した。石播原告団は07年9月から継続して、造船重機連絡会の労働者仲間と共同して、じん肺・アスベスト電話相談を実施した。これには全国各地から200件を超える相談を受け付けた。被害者が広範に存在しているだけに、事後対応に追われているものの画期的な取り組みを行っている。

09年6月26日には、造船重機連絡会として厚生労働省、国土交通省、造船工業会に対する要請行動を行った。偽装請負の解消、非正規労働者の雇用確保、じん肺・アスベスト補償制度の拡充、安全衛生対策の強化などで行政側の指導強化を求めた。

前述したように、09年12月には、神奈川での「日本平和大会」で、造船重機連絡会と重工産業労組

が共同で企画した分科会「拡大する民間人の戦地派遣と軍需産業」で、全国各地から70人を超える参加者と反戦・平和のたたかいの交流を強化することを決めた。

石播原告団が求めていた運動を展開しながら、労働者の暮らしと雇用、生命と健康を守る、日本の平和と発展の夢実現へと確実な歩みを始めている。

原告団の多岐にわたる活動のすばらしさは、目立つようなパフォーマンスを求めるのではなく、地道に成果を得るための取り組みを行っていることである。遠方に出かける場合の交通費ぐらいは支給されているが、ボランティアとして無料奉仕が基本である。現役時代に自分たちが満足できる活動を行うことができなかったことから、退職後も現役の労働者に劣らない活動をそれぞれの条件の中で行っている。いわば、損得勘定抜きの活動であるだけに、揺るがないものを感じさせる。裁判での勝利和解は、その後の原告の生きざまにも大きな影響を与え、退職後の活動にも支えとなっているといえる。

半世紀以上続いた政権が国民との矛盾によって崩壊し、新しい時代が到来しようとしている。労働組合運動も大きく変わりつつある今日、人権回復原告団のたたかいが造船重機大手での震源地となり、大きな流れとなる期待が寄せられている。それには原告団が働くものの砦を再構築する大きな課題が残っている。原告団は諸先輩から受けついだ「たたかってこそ明日はある」人権回復のリレーランナーとしてタスキを次代につなぐ仕事を担って走りつづけてほしい。

あとがき

本書は09年2月11日に刊行した『《総集編》たたかってこそ明日はある』（本の泉社刊）の、いわば姉妹編にあたる。「総集編」は石川島播磨重工業（株）の全国6事業所（東京、武蔵、横浜、愛知、相生、呉）の会社による職場活動家１６８人の不当差別に対する40年にわたるたたかいで和解勝利した記録である。このたたかいで最初に勝利をもたらしたのが、本書で描いている田無、瑞穂両工場の７人の職場活動家による「石播人権回復裁判」（武蔵裁判）である。前者は関係者の喜びの感想や証言、資料を記録集としてまとめているが、後者は7人の生きざまを描いた生々しいドキュメントである。両書を姉妹編というのは「総集編」は文章を含めて私が全面的に関与することによって石播の人権闘争を理解し、その上で本書を出版することになっていたからである。

それは「ＺＣ（ゼロ・コミュニスト）管理名簿」との出会いから始まった。約35年にわたる新聞記者時代を通じて、忘れることのできない出来事やスクープは幾つもあるが、社会に大きなインパクトを与える結果になるのはそう多くない。記者個人として石播人権裁判の勝利和解に寄与できたことは、一種の記者冥利に尽きる出来事ともいえるが、そういうレベルを越えた事実の重みが後年の著作への思いにつながった。

テーマは大きくいって二つあった。一つは7人の原告が、ここまで徹底的に差別され、嫌がらせを受けてまで、なぜ頑ばり通せたのか、ということであった。もう一つは社会常識をはるかに越えた驚きともいえる石播の労務管理のあり方であった。

〝一寸の虫にも五分の魂〟なのか〝窮鼠猫をかむ〟なのか——人間はどこで、どういうふうに反発するエネルギーを発揮するのか分からない。そこに人間の持つ深い心理に強い関心を抱いた。日本国憲法がうたう平和と民主主義が定着している世の中で、資本の力による理不尽な行いを許すわけにはいかない、という思いは当然のことだ。法治国家である以上、労働関連法を企業に順守させるとともに、違反している場合は厳しく責任を問うことも重要である。7人に代表される労働者はこれらの権利を主張してたたかってきた。家族や仲間の支援もあった。が、それだけで40年もたたかえたのか？　法廷でたたかっていたのではない。大部分は職場で1人でたたかっていたのだ。高い理想と思想を持つ共産党員だからたたかえたのか？　そういう人もいるかもしれない。でも、何か違うものを感じていた。同じような立場にたっても、私にはとてもできそうにない。「自分自身とのたたかいをしている」という原告がいた。「悔しい思いだけは忘れることができなかった」という原告がいた。「自分の存在、行動の正しさを証明したい」といった原告がいた。その辺に7人の深層心理に迫る鍵がありそうに思えた。

一方、石播は違法なことを百も承知の上で、思想差別政策に基づくあらゆる差別と嫌がらせを実施してきたに違いない。石播の生い立ちの中で育まれてきた会社の反共労務政策に根源がある。が、高度な教育を受けた大企業の管理職や技術者、多くの労働者が行き過ぎた会社の方針を是正もせず、あるいは改善の声もあげずに、企業内ファシズムに協力していったことに戦慄すら覚える。戦国の武将、武田信玄が「人は石垣、人は城」といったというが、能力のある人材を発掘、教育、活用するのが発展する組織だし、能力ある者は自分の意見、考えを持っているものである。問題は上司の度量や裁量、組織の方針で決まる。人材をいかに活用することよりも、会社や上司の意に添わない人材は優秀であっても一方的に排除していけば、やがて、〝イエスマン〟がはびこる組織となり、活性化もおぼつかない。

石播では職制らが「会社のため」なら嘘を平気でついたり、犯罪まで行ったのは愛社精神旺盛な「企業戦士」でも何でもない。所詮、出世欲とわが身かわいさの「保身」から出ている場合が多い。「上司の命令だから仕方ない」とか理不尽な仕打ちを受けている労働者を黙って見て見ぬふりをするのも、同じことだろう。差別する側の同僚や上司たちの中には、会社の方針に疑問をはさむことも許されず、良心にさいなまれて苦しい状態を迫られていた人たちもいたし、そっと激励する人も少なくないながらいた。が、思想差別による昇給・昇格差別や〝村八分〟ならぬ〝職場八分〟の嫌がらせを続けさせてきたところをあいまいにすることはできない。多くは個人的にはよい人間であっても組織を通せば変わってしまう人間がいかに多いということだろうか。

ＪＲ西日本の事故原因隠蔽の組織的な行為をはじめ、よく見られる企業幹部による記者会見での謝罪風景も、突き詰めれば共通した企業体質にあると思えてならない。それは、日本社会の持つ独特の精神風土や培われてきた文化等によって宿されてきた日本的風景そのものではないか。民主主義自体が熟成しないで形骸化しているといえる。日本という一つの国の単位で見ても、大企業組織や政党・団体組織に至るまで共通した土壌があると思えてならない。組織の中で自分自身の考えや意見を貫き通すのは簡単ではない。建て前と本番の使い分けがされる中で、正しいことをはっきりいう人間は疎まれやすい。まず周囲の雰囲気を読み、出すぎないことが無難であり、仲間外れにされないことを小さい頃から学んできているのだ。「みんなと一緒」が日本の社会でうまく生きていく方策となっている。

組織と人間の関係を論じる場合、分かりやすく表現するために単純化してしまうと誤解を生じやすい。主義主張や立場に左右されず、広い視野で事実を、そして本質を見抜かなければ、それこそ「真実」は見えてこない。「切り拓いた勝利への道　石播人権回復闘争の真実」の取材では、登場する人間の生きざまを通じてそういう日本社会のあり方を考えさせられた。

本書出版に至るまでは、数多くの関係者のご協力とご理解に感謝したい。特に、石播人権回復裁判の7人の原告とご家族のみなさん、ならびに「本の泉社」の比留川洋社長のお力添えに感謝したい。なお、本書の第2章「人事部につきまとう歴史の影」は原告団長の渡辺鋼氏が、第7章「次代を拓く砦に」は造船重機連絡会代表の久村信政氏が原文を書き、それを参考にさせていただいた。また第4章「起ち上がった7人の原告」は各人に大変お世話になった。改めて感謝申し上げたい。

二〇一〇年一月

米田憲司

★著者紹介

米田憲司（よねだ・けんじ）

ジャーナリスト。航空、鉄道、軍事、環境、司法分野で活動。

著書に『御巣鷹の謎を追う　日航123便事故20年』（宝島社）『この飛行機が安全だ　データで見る世界の空の安全度』（共著、同）『西淀川公害を語る——公害と闘い環境再生をめざして』（本の泉社）

1944年大阪市生まれ。

人権回復を求める石川島播磨原告団

切《き》り拓《ひら》いた勝利《しょうり》への道《みち》
——石播人権回復闘争《いしはりじんけんかいふくとうそう》の真実《しんじつ》

2010年3月15日

著　者　米田憲司《よねだけんじ》
人権回復《じんけんかいふく》を求《もと》める石川島播磨原告団《いしかわじまはりまげんこくだん》

発行者　比留川　洋
発行所　株式会社　本の泉社
〒113-0033　東京都文京区本郷2-25-6
TEL.03-5800-8494　FAX.03-5800-5353
http//www.honnoizumi.co.jp/
印　刷　音羽印刷　株式会社
製　本　株式会社　難波製本

　ISBN978-4-7807-0233-0